T0101035

LAS SIETE PALABRAS
(Un Resumen Cristológico)

Rev. Kittim Silva

LAS SIETE PALABRAS
(Un Resumen Cristológico)

editorial clie

EDITORIAL CLIE
Ferrocarril, 8
08232 VILADECAVALLS (Barcelona)
E-mail: libros@clie.es
http://www.clie.es

LAS SIETE PALABRAS
Kittim Silva

© 1998 por el autor

ISBN: 978-84-7645-328-5

Clasifíquese: 0342 HOMILÉTICA:
Sermones - Semana Santa y Pascua
C.T.C. 01-04-0342-02
Referencia: 22.33.07

LAS SIETE PALABRAS EN LATÍN

«Pater, dimitte illis: non enim sciunt quid faciunt»

«Amen dico tibi: Hodie mecum eris in paradiso»

«Mulier, ecce filius tuus... Ecce mater tua»

«¿Eli, Eli, lamma sabacthani? hoe est: ¿Deus meus, Deu meus ut quid dereliquisti me?»

«Sitio»

«Consummatum est»

«Pater, in manus tuas commendo spiritum meum»

(Textum Vaticanum)

DEDICADO

A

Cinco Príncipes del Púlpito Cristiano

Dra. Leo Rosado Rosseau
Dr. José A. Caraballo
Dr. Cecilio Arrastía
Dr. Adolfo Carrión
Rev. Abelardo Berrios

Y

Al Rev. Napoleón Alfaro, anciano gobernante
de la congregación que pastoreo, cuya
amistad valorizo y estimo.

ÍNDICE

PRÓLOGO

El presente libro nació hace varios años en una pequeña obra que yo mismo había publicado, con el título «Las Siete Palabras». La circulación de la misma se limitó, mayormente, a la ciudad de Nueva York. La ayuda que muchos ministros laicos derivaron de aquel escrito, fue un gran recurso homilético en su tarea de exponer «Las Siete Palabras».

La acogida fue tal, que pronto se agotó la edición publicada. No tenía ningún plan de volver a reproducir aquel escrito. Pero las palabras de muchos compañeros del ministerio, han sido una motivación para presentar en un libro con mayor ampliación los pensamientos antes publicados. Por lo tanto, el presente libro que usted tiene en sus manos no es nuevo en su contenido sino más bien es la continuación de una tarea ya comenzada, la cual, con el paso de los años, se ha ido robusteciendo no sólo en contenido analítico sino también en aplicaciones.

Al presentar esta colección de sermones sobre «Las Siete Palabras», combino lo exegético con lo homilético. Me acerco a ellas en una investigación cristológica, pero a la vez, procuro descubrir con las herramientas homiléticas las aplicaciones prácticas para cada creyente. No parto a hacer teología divorciado del contexto. Tampoco arribo a conclusiones separado de la armonía de los evangelios.

La tarea de escribir un libro no es tan fácil como pueda parecerle a muchos lectores. Las responsabilidades de un trabajo secular, las funciones pastorales, el ministerio de la enseñanza, mis deberes como líder conciliar y los estudios radiales que comparto diariamente, eran un gran obstáculo en esta misión literaria. Pero doy gracias a Dios por su fortaleza espiritual. También me muestro muy agradecido a mi esposa Rosa, que siempre ha comprendido la necesidad que tengo de escribir. Las horas que me encerraba en mi cuarto de estudio, le pertenecían a ella y a mis hijas.

Finalmente, amado y gentil lector, le suplico que lea este libro con la actitud de acercarse más al Señor Jesucristo. Es mi firme propósito que yo «mengüe» para que Él «crezca». Por lo tanto, le doy a Jesucristo, el arquitecto de mi vida, toda la gloria y la honra; no sólo porque me salvó, sino porque me permite ministrarle a usted por medio de este humilde escrito.

El Autor
Brooklyn, Nueva York
17 de abril de 1985

1

LA PALABRA DEL PERDÓN

«Padre, perdónalos, porque no saben lo que hacen» (Lucas 23:34).

A todo lo largo de su ministerio terrenal, Jesús, fue un fiel exponente y practicante del perdón. Él enseñó a sus discípulos a reconocer la grandeza del perdón divino y a perdonar a sus enemigos.

En la oración modelo del «Padrenuestro», él recalcó la importancia del perdón al declarar: «Y perdónanos nuestras deudas, como también nosotros perdonamos a nuestros deudores» (Mateo 6:12). A medida que «perdonamos a nuestros deudores», somos perdonados por Dios de «nuestras deudas» (Mateo 6:14, 15).

En una ocasión, mientras Jesús estaba en una casa de Capernaúm, cuatro hombres trajeron un paralítico, el cual hicieron descender por el techo de aquella vivienda (Marcos 2:1-4). Nos dice el registro sagrado: «Al ver Jesús la fe de ellos, dijo al paralítico: Hijo, tus pecados te son perdonados» (Marcos 2:5). Los escribas que cavilaban en sus corazones murmuraron diciendo: «¿Por qué habla éste así? Blasfemias dice. ¿Quién puede perdonar pecados sino sólo Dios?» (Marcos 2:5).

La acción perdonadora del Señor demostró en él una

prerrogativa divina, «tus pecados te son perdonados». Los interrogantes teológicos de los escribas llevan a éstos a tratar una tarea de investigación académica. La conclusión mal arribada de su tesis es que Jesús hablaba «blasfemias». Sin un conocimiento personal de Jesús, cualquier teólogo, por más credenciales académicas que pueda poseer, se pierde en el laberinto de la misma teología. Sobre las aguas de la revelación de Cristo un niño puede nadar, pero un sabio se puede ahogar. No es conocer el Salmo 23, sino conocer al Pastor de ese Salmo. La contradicción teológica de muchos de nuestros seminarios, es que se está aprendiendo a hacer ejercicios teológicos con la mente, pero no con el corazón.

De una prerrogativa de perdón divino, el Señor se mueve a otra prerrogativa de sanidad divina. Notemos su apología teológica y cristológica: «Qué es más fácil, decir al paralítico: Tus pecados te son perdonados, o decirle: ¿Levántate, toma tu lecho y anda? Pues para que sepáis que el Hijo del Hombre tiene potestad en la tierra para perdonar pecados (dijo al paralítico): A ti te digo: Levántate, toma tu lecho, y vete a tu casa» (Marcos 2:9-11). Como el Señor era Dios encarnado, el perdonar o sanar enfermos eran tareas sencillas o fáciles para él. Con la sanidad física manifestada sobre aquel paralítico, el Señor da una demostración de que si Dios perdona pecados y si sólo Dios sana, entonces él tiene que ser Dios. Es de notarse que el perdón o la sanidad del alma antecedió a la sanidad del cuerpo. En nuestros días muchos asisten a cruzadas evangelísticas buscando lo segundo, primero; cuando lo espiritual tiene que tener prioridad. El pueblo corre más detrás de los milagros que en pos de la proclamación completa de la Palabra de Dios. Los buenos predicadores no son tan populares como aquellos que son usados en sanidad divina.

En otra ocasión, Pedro se acercó al Señor y le preguntó: «¿Señor, cuántas veces perdonaré a mi hermano que peque contra mí? ¿Hasta siete?» (Mateo 18:21). Pedro era el alumno que preguntaba teniendo ya una respuesta preconcebida en su mente. En su teología propia y personal, el límite del perdón era hasta la séptima ofensa del deudor.

Sin embargo, Jesús le da una extensión ilimitada a la práctica y al deber de perdonar. Él le dijo a Pedro: «No te digo hasta siete, sino aun hasta setenta veces siete» (Mateo 18:22). Para un buen matemático como Pedro, que en su oficio de pescador había desarrollado la habilidad de sumar y multiplicar, la respuesta era: «Pedro, no tienes que perdonar siete veces al mismo individuo, eso sería un egoísmo de tu parte, si él te ofende cuatrocientas noventa veces también tienes que perdonarlo». La lección práctica es que el perdón no tiene limitaciones.

Volviendo a la primera palabra dicha por Jesús en el Calvario, encontramos que en la misma, él acentúa, afirma y emula la doctrina del perdón. El perdonar y el olvidar son dos caras de una misma moneda. En el idioma inglés encontramos una misma raíz etimológica para perdón (forgiveness) y olvidado (forgetness). La palabra griega es «aphesis» y se emplea en el Nuevo Testamento diecisiete veces y se traduce: «Perdón, remisión y libertad». En su original griego encierra la idea de dejar libre y de remover. Esta primera palabra del Señor revela tres acciones: La oración, el ruego y la apelación.

I. La oración, «Padre...»

La palabra «Padre» en labios de Jesús significaba comunión, adoración, filiación, y oración. Al Él decir, «Padre» indicaba un estado de diálogo. A todo lo largo del ministerio terrenal del Señor, la oración fue parte integrante del mismo. En cuatro ocasiones, mientras Jesús oró, recibió la respuesta del cielo inmediatamente:

1. *En el bautismo* — «Aconteció que cuando todo

el pueblo se bautizaba, también Jesús fue bautizado; y orando, el cielo se abrió, y descendió el Espíritu Santo sobre él en forma corporal, como paloma, y vino una voz del cielo que decía: Tú eres mi Hijo amado; en ti tengo complacencia» (Lucas 3:21, 22).

2. *En el Monte de la Transfiguración* — «Aconteció como ocho días después de estas palabras, que tomó a Pedro, a Juan y a Jacobo, y subió al monte a orar. Y entre tanto que oraba, la apariencia de su rostro se hizo otra, y su vestido blanco y resplandeciente... Y vino una voz desde la nube, que decía: Éste es mi Hijo amado; a él oíd» (Lucas 9:28-35).

3. *En la visita de los griegos* — «Había ciertos griegos entre los que habían subido a adorar en la fiesta. Éstos, pues, se acercaron a Felipe, que era de Betsaida de Galilea, y le rogaron, diciendo: Señor, quisiéramos ver a Jesús... Padre, glorifica tu nombre. Entonces vino una voz del cielo: Lo he glorificado, y lo glorificaré otra vez» (Juan 12:20-28).

4. *En el huerto de Getsemaní* — «Y él se apartó de ellos a distancia como de un tiro de piedra; y puesto de rodillas, oró... Y se le apareció un ángel del cielo para fortalecerle» (Lucas 22:41-43).

La agonizante tortura de la cruz no desanimó a Jesús ante el ejercicio de la oración. Su oración transcendió el sufrimiento presente y corporal que estaba experimentando. Esto me recuerda lo que nos dice el relato bíblico: «Y puesto de rodillas, clamó a gran voz: Señor, no les tomes en cuenta este pecado. Y habiendo dicho esto, durmió» (Hechos 7:60).

En la vida de todo creyente le asaltan momentos difíciles, cuando la angustia y el dolor humano hacen su invasión. Es entonces cuando un verdadero cristiano no se rinde espiritualmente ante el infortunio, las pruebas y los sinsabores de la vida; por el contrario, hace de la oración su aliada favorita.

Ningún profeta, rey, sacerdote o escritor antiguotestamentario había llamado a Dios, «Padre». Pero para Jesús, llamar a Dios «Padre» era un reclamo de su deidad, de su filiación divina y de su procedencia celestial:

1. *A los doce años de edad lo llamó «Padre»* — «Entonces él les dijo: ¿Por qué me buscabais? ¿No sabíais que en los negocios de mi Padre me es necesario estar?» (Lucas 2:49).

2. *Él le enseñó a sus discípulos a orar empleando el nombre «Padre»* — «Padre nuestro que estás en los cielos...» (Mateo 6:9).

3. *Antes de resucitar a Lázaro empleó el nombre «Padre»* — «Entonces quitaron la piedra de donde había sido puesto el muerto. Y Jesús, alzando los ojos a lo alto, dijo: Padre, gracias te doy por haberme oído» (Juan 11:41).

4. *Al predicar su retorno por la Iglesia usó la palabra «Padre»* — «En la casa de mi Padre muchas moradas hay; si así no fuera, yo os lo hubiera dicho; voy, pues, a preparar lugar para vosotros» (Juan 14:2).

5. *En el Getsemaní oró empleando el nombre «Padre»* — «Padre, si quieres, pasa de mí esta copa; pero no se haga mi voluntad, sino la tuya» (Lucas 22:42).

Una de las acusaciones que lo llevó al patíbulo de la muerte fue su reclamación de que era el Hijo de Dios:

1. «Confió en Dios; líbrele ahora si le quiere;

porque ha dicho: Soy Hijo de Dios» (Mateo 27:43).

2. «Los judíos le respondieron: Nosotros tenemos una ley, y según nuestra ley debe morir, porque se hizo a sí mismo Hijo de Dios» (Juan 19:7).

En las palabras acusadoras de los escribas, fariseos y ancianos de Mateo 27:43 se cumplía una profecía mesiánica: «Se encomendó a Jehová; líbrele él; sálvele, puesto que en él se complacía» (Salmo 22:8).

«Padre» es una palabra dulce, saturada de ternura, confianza, seguridad y conmovedora, pronunciada por los labios del Señor Jesús. «Padre» es la máxima reclamación que Jesús hace de su naturaleza divina, de su misión eterna y de su comisión profética.

De Jesús aprendemos que tenemos acceso a un Padre Celestial, que nos oye en el «Calvario» de nuestras tragedias humanas, y en el suplicio de nuestro dolor existencial. Un Padre que no nos pide un lenguaje de profesionalismo clerical, de adornos de gramática retórica o teológica, de abluciones, de formulismos religiosos; sino que en nuestra simpleza humana, Él nos entiende y nos oye.

Más que nunca, es un imperativo para la Iglesia de esta presente generación, el cultivar la práctica habitual de la oración. Estamos tan entretenidos en programas y actividades, que nos hemos olvidado de la teológia de la oración. Si algo tiene a muchos creyentes viviendo vidas cristianas anémicas y faltas de entusiasmo, es que la oración ya no forma parte de su dieta espiritual. Se canta mucho, pero se ora poco. En muchos hogares el altar familiar se llama: Zenith, Sony, Panasonic, RCA, General Electric... ¿Por qué? El tiempo de orar se lo están dando al «dios electrónico» que tienen en el nicho de la sala. Personalmente, no estoy en contra de la televisión, siempre y cuando se use con sabiduría. Pero cuando la televisión se constituye en un dios falso delante del Dios verdadero, entonces en palabras del evangelista Yiye Avila: «Es un cajón del diablo».

II. El ruego, «perdónalos...»

Hace algún tiempo un caballero entró a mi oficina pastoral; deseaba entrevistarse conmigo. A medida que el diálogo tomaba su curso, y yo obtenía ciertos datos sobre su caso, él comenzó a llorar. «Pastor, yo tengo mucho odio en mi corazón», comenzó diciéndome, «he sido engañado por un miembro de mi familia, y siento un deseo intenso por cobrar venganza. Por favor ayúdeme, este odio no me deja comer, ni dormir y estoy a punto de perder mi trabajo».

Este caso se repite cientos de veces alrededor nuestro. El odio lleva a la venganza, la venganza al crimen, y el crimen a la lamentación. El odio produce enfermedades de orden psicosomático. La persona que odia jamás podrá ser feliz. Su propio odio le destruirá y le consumirá. Experimentará úlceras, presión alta del corazón, dolores de cabeza, depresión y en consecuencia sobre los sistemas digestivo y nervioso.

En la consejería pastoral que administré a aquel caballero le hice consciente de la terapia del perdón. Le dije: «A menos que usted no perdone a ese miembro de su familia, su salud continuará deteriorándose. Sé que es algo duro para usted, pero tiene que hacerlo». Aquella vida, con una gran conmoción emocional, me dijo: «Pastor, ore por mí para que pueda perdonar.» Así lo hice y creo que tan pronto este caballero practique el perdón en su vida, el volcán que está en erupción con la lava del odio, quedará extinto. La única cura contra el odio es el perdón.

Muchos convictos tienen tatuados sobre sus brazos estas palabras: VENGANZA, ODIO, LA LEY, MALDIGO AL JUEZ QUE ME SENTENCIÓ. Con estos tatuajes ellos alimentan en sus mentes resentimientos, odios, apatías y venganzas contra la persona que los acusó, el juez que los sentenció, el agente de la ley que los arrestó y el guardián penal que los vigila.

Jesús tenía toda la razón para pedirle al Padre una reacción vengativa, que enviara juicio sobre sus acusadores, jueces y verdugos, pero no lo hizo. Aun cuando Pedro le cortó la oreja derecha a Malco, el siervo del sumo sacerdote, el Señor le dijo a Pedro el impulsivo: «Mete tu espada en la vaina; ¿la copa que el Padre me ha dado, no la he de beber?» (Juan 18:11). También el Señor repuso: «¿Acaso piensas que no puedo ahora orar a mi Padre, y que él no me daría más de doce legiones de ángeles? ¿Pero cómo entonces se cumplirían las Escrituras, de que es necesario que así se haga?» (Mateo 26:53, 54).

No obstante, Jesús no ruega por castigo, pero sí intercede a favor de los que lo trataron mal. Por un momento pensemos en la situación de Jesús: Uno de sus discípulos, su propio tesorero, lo vendió por treinta monedas de plata, traicionándolo. El pago dado por Jesús, era el que se daba por un esclavo en la antigua Roma. La acusación que se le formuló fue inventada y fabricada. Los testigos que comparecieron fueron comprados. La ley judía fue violada unas treinta veces durante todo el proceso judicial al cual fue sometido el Señor. El juicio al cual fue sometido Jesús, en su séxtuple comparencia, tres veces con los romanos y tres con los judíos, era discriminador en su carácter. Antes de ser hallado culpable, ya estaba sentenciado a muerte en la conciencia de sus acusadores. Sus derechos de ciudadano fueron violados e ignorados. No se le tomó en cuenta su historial limpio; su trabajo social entre la clase pobre; las muchas personas que por Él fueron sanadas; los individuos corruptos cuyas vidas fueron por Él transformadas para bienestar de la sociedad. En su juicio no le permitieron testigos a su favor. ¿Es eso justicia lo hecho por sus enemigos? Claro que no, cualquiera que estudie detenidamente el caso o proceso judicial del Señor, descubrirá la debilidad de este juicio.

Quizás una mentalidad como la del Licenciado Rafael

Torres Ortega, abogado y pastor en Puerto Rico, pueda algún día presentar un buen estudio al proceso judicial del Señor.

La justicia que le procesó, si es que la podemos llamar así, estaba sin la venda en sus ojos y carecía de una balanza. La justicia en nuestros días está prefigurada por una mujer con una balanza sobre su mano y con sus ojos vendados. La justicia se aplica por el peso de los hechos (habeas corpus) y no por lo que parece ser. Jesús no fue juzgado por sus hechos. Él fue juzgado, sentenciado y llevado al patíbulo de la muerte por sus prerrogativas divinas, su personalidad única, sus diferencias teológicas, su renovación espiritual, y el celo ministerial de un clero ya envejecido en sus tradiciones y formalismos.

Es interesante notar que aunque Jesús podía presentar una defensa substancial y apelar a un raudal de testigos a su favor no lo hizo y así cumplió la profecía: «Angustiado él, y afligido, no abrió su boca; como cordero fue llevado al matadero; y como oveja delante de sus trasquiladores, enmudeció, y no abrió su boca» (Isaías 53:7).

En los evangelios encontramos varios pasajes donde se cumple la profecía mesiánica de Isaías:

1. «Y levantándose el sumo sacerdote, le dijo: ¿No respondes nada? ¿Qué testifican éstos contra ti? Mas Jesús callaba. Entonces el sumo sacerdote le dijo: Te conjuro por el Dios viviente, que nos digas si eres tú el Cristo, el Hijo de Dios» (Mateo 26:62-62).

2. «Y siendo acusado por los principales sacerdotes y por los ancianos, nada respondió. Pilato entonces le dijo: ¿No oyes cuantas cosas testifican contra ti? Pero Jesús no le respondió ni una palabra; de tal manera que el gobernador se maravillaba mucho» (Marcos 15:4, 5).

3. «Y le hacía muchas preguntas, pero él nada le respondió» (Lucas 23:9).

Jesús dio un testimonio mudo. Alguien dijo: «El silencio dice más que mil palabras». Basado en ese mudo testimonio, la historia ha tenido que exonerar a Jesús de sus falsificados crímenes.

«Padre, perdónalos...», es la mayor evidencia de la inocencia del Señor, de la justicia que le fue imputada. Él nunca tomó en cuenta la acción despiadada de sus enemigos. Pero fue su ruego que el Padre les conmutara su nefasto crimen, si con arrepentimiento ellos aceptaban el don del perdón divino.

Él no dice, «Padre, quisiera que los perdonaras» o «Padre, si deseas perdonarlos». El Señor apela a un perdón instantáneo, presente y actual, «perdónalos». El perdón divino está al alcance de todo pecador que se arrepiente y acepta a Jesús como el único Salvador. ¿Ha recibido usted a Jesús?

Este ruego perdonador de Jesús sumariza el amor que en él residía. El capítulo 13 de la primera epístola a los Corintios, es clásico por su contenido del amor. No sólo Jesús es fuente de amor, sino que también es expresión de éste. Si tomáramos la expresión «el amor» que se registra en el versículo 4 y la susbtituyéramos por nuestro nombre, encontraríamos que no tiene sentido. Pero si tomanos el nombre Jesús y lo intercalamos, sí tiene sentido: «El amor (Jesús) es sufrido, es benigno; el amor (Jesús) no. tiene envidia, el amor (Jesús) no es jactancioso, no se envanece; no se hace nada indebido, no busca lo suyo, no se irrita, no guarda rencor; no se goza de la injusticia, mas se goza de la verdad. Todo lo sufre, todo lo cree, todo lo espera, todo lo soporta. El amor (Jesús) nunca deja de ser; pero las profecías se acabarán, y cesarán las lenguas, y la ciencia acabará» (1 Corintios 13:4-8).

¿Cuál hubiera sido la suerte de aquellos cómplices, falsos testigos, jurado y verdugos si Jesús no intercedía a su favor?

¿Qué clase de represalia divina hubiera tomado el Padre contra ellos?

Jesús, querido lector, nos enseña a perdonar a todos aquellos que dicen mentiras sobre nosotros; a aquellos que dan veredicto prejuicioso sin conocernos; a aquellos que nos crucifican sin saber por qué lo hacen, pero lo hacen. Perdonar es trascender de nuestra condición actual a una vital relación con el Padre. Perdonar es quitar nuestra mirada de lo terrenal y ponerla en el cielo. Perdonar es aceptar la voluntad divina sobre nuestras vidas. Perdonar es poner en práctica la lección empírica del Señor: «Padre, perdónalos...»

III. La apelación, «Porque no saben lo que hacen.»

El Señor descubre el «por qué» de las acciones de sus adversarios. Notemos su apelación, «porque no saben lo que hacen». El hecho de él haber rogado «perdónalos», indica que en su ignorancia habían pecado contra la soberanía divina.

La ignorancia no exime al hombre de ser culpable por sus pecados. Los enemigos del Señor en su actuación errada fueron ignorantes. A esta ignorancia espiritual se refiere Pedro cuando dijo: «Mas ahora, hermanos, sé que por ignorancia lo habéis hecho, como también vuestros gobernantes» (Hechos 3:17).

En Romanos 2:12 leemos: «Porque todos los que sin ley han pecado, sin ley también perecerán; y todos los que bajo la ley han pecado, por la ley serán justificados». El ignorar el conocimiento de la ley o de los mandamientos divinos, no declara inocente a nadie. El ser humano en su ignorancia tiene que ser juzgado por la ley de la conciencia, la cual se constituye en su norma de conducta y moral.

En nuestros días muchos pecan y se quieren justificar bajo la sombra de la ignorancia: «Yo no sabía». «Si lo hubiera sabido». «Nadie me dijo que era malo». «Lo hice sin pensarlo». Pero esa misma ignorancia contribuirá en su castigo.

Simétricamente las cosas cambian de lugar en el Calvario: Jesús el acusado, se convierte en Jesús el abogado. El condenado se vuelve el Salvador. Los acusadores se convierten en los acusados. El juez celestial, es decir, su Padre, pide pruebas convincentes. Jesús el «paracleto» se las da, «... no saben lo que hacen». En vez de un arreglo judicial, el Señor pide completa y total absolución, «perdónalos». Es un perdón incondicional entre el juez y el abogado; pero condicional entre los acusados y el abogado. Los defendidos tienen que creer y aceptar el veredicto a su favor.

En el Nuevo Testamento leemos: «Porque hay un solo Dios, y un solo mediador entre Dios y los hombres, Jesucristo hombre» (1 Timoteo 2:5). «... si alguno hubiere pecado, abogado tenemos para con el Padre, a Jesucristo el justo» (1 Juan 2:1).

Jesús es nuestro asistente legal, nuestro abogado, nuestro defensor. Él representa todos nuestros casos ante el supremo tribunal celestial. Como gastos honorarios exige: Fidelidad, consagración y que vivamos en la norma de su Palabra. El templo o dondequiera que podamos hablar con Él es su oficina. La oración es el medio a través del cual le decimos todo lo relacionado con nuestro caso. El arrepentimiento es el contrato que firmamos con él. El perdón es la absolución de una conciencia culpable.

En conclusión, le invito a que repita conmigo esta oración: «Señor, te pido que me ayudes y que me enseñes a perdonar a todos aquellos que de una manera u otra me han faltado, sea de palabra o en acciones. Por ellos ruego, y los perdono en lo más profundo de mi corazón. Amén.»

2

LA PALABRA DE SALVACIÓN

«Entonces Jesús le dijo: De cierto te digo que hoy estarás conmigo en el paraíso» (Lucas 23:43).

La última alma que Jesús se ganó fue sin predicar ningún sermón o dictar alguna conferencia. No fue en el templo de Jerusalén o en la sinagoga de Capernaum. Fue pendido sobre la cruz. En alguna manera su porte, sus gestos, las expresiones dichas por Él en su primera palabra influyeron sobre el corazón y la mente de uno de sus compañeros de condenación.

Había en el Calvario tres crucificados. El del centro era Jesús. En el evangelio de Juan, capítulo 19 y versículo 18 leemos: «Y allí le crucificaron, y con él a otros dos, uno a cada lado, y Jesús en medio». El evangelista Marcos declara: «Crucificaron también con él a dos ladrones, uno a su derecha, y el otro a su izquierda» (15:27).

Notemos algunas similitudes entre ambos crucificados: (1) Los dos eran «ladrones». (2) Los dos merecían el castigo recibido (Lucas 23:41). (3) Los dos estaban a la misma distancia de Jesús. (4) Los dos tenían la mirada puesta en el Señor. (5) Los dos escucharon al Señor cuando dijo: «Padre, perdónalos, porque no saben lo que hacen». (6) Los dos pudieron hablar con el Señor (Lucas 23:39-42). (7) Los dos tuvieron la misma oportunidad de salvación. (8) Los dos injuriaron al Señor (Mateo 27:44).

Notemos también algunas diferencias entre ambos malhechores: (1) Uno estaba crucificado a la derecha, el otro a la izquierda (Marcos 15:27). (2) Uno dejó de injuriar a Jesús, el otro no (Lucas 23:39-40). (3) Uno confesó su culpa, el otro no (Lucas 23:41). (4) Uno le pidió al Señor que lo recordara en su reino, el otro no (Lucas 23:42). (5) Uno recibió respuesta del Señor, el otro no (Lucas 23:43). (6) Uno deseaba la salvación de su cuerpo, el otro deseó la salvación de su alma (Lucas 23:39, 42). (7) Uno se salvó, el otro se perdió. (8) Uno murió siendo ladrón, el otro murió perdonado. (9) Uno libró la pena capital eterna, el otro no. (10) Uno resucitará con los santos, en el rapto de la Iglesia, el otro resucitará con todos los injustos para el juicio del gran trono blanco.

En ellos encontramos la humanidad representada: (1) Los que dudan y los que creen. (2) Los que piensan en lo material y los que buscan lo espiritual. (3) Los que no se preparan para la otra vida, y los que se preparan para la eternidad. (4) Los que confiesan sus pecados al Señor, y los que hasta el final no sienten arrepentimiento de sus hechos malos. (5) Los humanistas y los espirituales.

I. El ruego, «acuérdate de mí cuando vengas en tu reino»

De los cuatro evangelios, el de Lucas es el único que registra estas palabras. Sin lo revelado por Lucas el destino de ambos hombres hubiera sido el mismo hasta que el velo de la eternidad fuera levantado. Pero gracias a este evangelista tenemos la certeza que uno de aquellos hombres, reo de muerte, hizo en el altar del Calvario una pública profesión de fe. Esto indica que aun en el mismo umbral de la eternidad y en la misma puerta del infierno, la misericordia de Dios puede salvar al más vil pecador si éste aún en vida, de corazón sincero se arrepiente. En la revelación bíblica no existe el «limbo» ni el «purgatorio». Ni las misas ni los rosarios pueden sacar del infierno. El que entra al infierno, de ahí no saldrá hasta el día del juicio final cuando con un cuerpo resucitado será sentenciado al lago de fuego y azufre (Apocalipsis 20:11-15).

La idea de que el ladrón de la derecha fue el que se arrepintió es espuria en su contenido. En todo el relato lucanino no hay evidencia de tal aseveración. Tampoco se debe considerar a este hombre arrepentido como: «el buen ladrón», «el ladrón bueno», «el ladrón arrepentido». Ningún ladrón es «bueno». Cuando él se arrepintió y nació de nuevo, ante los ojos de Dios dejó de ser ladrón. Así como no hay un «buen adúltero», un «buen maldiciente», un «buen asesino», tampoco puede haber un «buen ladrón». Se es ladrón o no se es. Allí en el Gólgota, en aquel monte que parecía una calavera, aquel hombre fue absuelto de su larga historial criminal.

La tradición apócrifa ha aportado una colección de leyendas sobre aquellos ladrones del Calvario. Quisiera compartir las mismas con usted, como motivo de curiosidad, más que como argumento histórico o exegético.

1. «Y uno de aquellos ladrones que habían sido colgados, le dijo así: Si tú eres el Cristo, sálvate a ti mismo, y a nosotros. Mas Dimas por respuesta le increpaba diciendo: ¿Tú no temes para nada a Dios, aun estando en la misma condenación?...» (Actas de Pilato X:2).

2. «El primero, llamado Gestas, solía dar muerte de espada a algunos viandantes, mientras que a otros les dejaba desnudos y colgaba a las mujeres de los tobillos cabeza abajo para cortarles después los pechos; tenía predilección por beber la sangre

de miembros infantiles; nunca conoció a Dios; no obedecía las leyes y venía ejecutando tales acciones, violento como era, desde el principio de su vida».

«El segundo, por su parte, estaba encartado de la siguiente forma: se llamaba Dimas; era de origen galileo y poseía una posada. Atracaba a los ricos, pero a los pobres les favorecía..., se dedicaba a saquear a la turba de los judíos; robó los libros de la ley en Jerusalén, dejó desnuda a la hija de Caifás, que era a la sazón, sacerdotisa del santuario, y substrajo incluso el depósito secreto colocado por Salomón. Tales eran sus fechorías» (Declaración de José de Arimatea I 2).

3. «Y empezó a gritar el de la izquierda... Y comenzó a decir muchas otras cosas contra Jesús mientras blasfemaba y hacía rechinar sus dientes contra Él, pues había caído preso el ladrón en el lazo del diablo.»

«Mas el de la derecha, cuyo nombre era Dimas, viendo la gracia divina de Jesús...» (Declaración de José de Arimatea III:2, 3).

Por estas citaciones apócrifas podemos notar que: (1) La tradición ha llamado al ladrón que se arrepintió Dimas y al otro le ha llamado Gestas. (2) Según la tradición el que se arrepintió fue el de la derecha. (3) Se consideraba a Dimas como un «Robin Hood» que se identificaba con los pobres y destituidos. (4) El llamado Gestas se describe como violento, asesino, infanticida y homicida.

Volviendo al punto que estamos considerando, las palabras «acuérdate de mí», son un favor por el cual este hombre ruega. El cual se extendería más allá de la muerte física y redundaría en la esperanza de la resurrección. Más que una demanda o una exigencia motivada por el egocentrismo humano, es una petición nacida de un corazón sincero y humilde. «Acuérdate», es como si en esa palabra aquel hombre hubiera concentrado las expresiones: «No te olvides de mí». «Por favor, tenme en tu memoria». «Recuérdame dondequiera que vayas».

El Señor nunca escucha oraciones egoístas y orgullosas. Un ejemplo de esto lo encontramos ilustrado en la parábola del fariseo y el publicano (Lucas 18:9-14). Aunque ambos estaban orando en el mismo templo, y a la misma hora, la oración del publicano se expresó en un espíritu de confesión, de humillación y de total dependencia de la justicia divina. El fariseo oró en un espíritu de orgullo, de egoísmo y de autojustificación. De las dos oraciones, Dios contestó la del publicano.

En el corazón de este crucificado algo palpitaba mientras contemplaba a Jesús: «Ése que está crucificado entre mi compañero y yo», quizá pensó, «no es un reo cualquiera. Puedo captar en Él algo diferente a nosotros dos.» Esa mirada de fe al Crucificado inocente lo lleva a dar un paso a la puerta de la salvación y a entrar por la misma.

La realidad de que hay vida más allá de la muerte física lo sobrecogió. Su vida física ya se le estaba escurriendo, evaporando, desapareciendo. Nada perdería con darle una oportunidad a Jesús. El Señor se convirtió en su capellán y en su confianza eterna.

El problema de la humanidad es que se piensa muy poco sobre la realidad de la muerte. El ser humano vive en una falsa ilusión de inmortalidad física. Nadie cree subjetivamente en su muerte. Según la opinión general, la muerte es algo que puede ocurrir a otros, pero no a mí.

Antes de continuar considerando la experiencia de aquel ladrón que con las cadenas de la muerte, vio la liberación del espíritu. Deseo citar las palabras de Carlos Haddon Spurgeon al describir la muerte:

«El cuerpo acaba de divorciarse del alma. Los amigos que más le amaban han dicho: "Entierra a mis muertos fuera de mi vista". El cuerpo es llevado en su ataúd y consignado a la tierra silenciosa; se halla rodeado de gusanos de muerte. La muerte tiene sus ejércitos. La langosta y las orugas son el ejército de Dios; los gusanos son el ejército de la muerte. Estos hambrientos guerreros empiezan su ataque a la ciudad del hombre. Empiezan en las fortificaciones externas, las paredes. La piel, las murallas, las asaltan y las derrumban. La piel es totalmente fragmentada y las torres de su gloria quedan cubiertas de confusión. Rápidamente estos crueles invasores destruyen toda hermosura. El rostro se ennegrece, las facciones quedan destruidas por la corrupción. Las mejillas, antes hermosas de juventud, rubicundas y rebosando salud, se hunden como una pared que se inclina y se desploma; los ojos, las ventanas de la mente, por donde chispeaba el gozo o se reflejaba la tristeza de la mente, se hallan ahora llenos del polvo de la muerte; los labios, las puertas del alma, son arrancados, y sus cerrojos, rotos... Lo más hermoso no puede distinguirse de lo más deformado.»

«¡Habéis sido crueles, guerreros de la muerte! La piel ha desaparecido. Las tropas han entrado en el interior y prosiguen su obra devastadora; los merodeadores se lanzan sobre el cuerpo. Los nobles acueductos, las venas, por las que circulaban ríos de vida, ya no fluyen; se hallan bloqueados con desperdicios y detritos» (*Doce sermones sobre la resurrección*, Editorial CLIE, 1983, páginas 8 y 9).

Este crucificado arrepentido no se preocupó tanto si su familia, amigos o si la misma historia le recordarían después de su muerte. A él le inquietó el no ser olvidado por Jesús.

Lo maravilloso es que él vio en el Jesús allí crucificado,

no un ordinario condenado, sino a un rey; alguien que algún día en el calendario de la eternidad establecería un reinado literal aquí en la tierra.

«Acuérdate de mí cuando vengas en tu reino», era el deseo que este condenado a muerte tenía de llegar a ser súbdito de ese reino profético y escatológico que se realizará en el milenio. Aunque su cuerpo estaba en el Calvario, su mente y su corazón estaban en la utopía futura del milenio.

Pilato le preguntó a Jesús: «¿Eres tú el rey de los judíos? Y Jesús le dijo: Tú lo dices» (Mateo 27:11). Los soldados romanos, después de escarnecerlo le decían: «¡Salve, rey de los judíos!» (Mateo 27:29). Los principales sacerdotes y los escribas decían: «El Cristo, Rey de Israel, descienda ahora de la cruz, para que veamos y creamos» (Marcos 15:32). El título sobre su cruz leía: «Jesús Nazareno, rey de los judíos» (Juan 19:19).

Sin embargo, aquel crucificado tuvo la revelación completa de que Jesús era rey. En el Jesús humano, él vio al Cristo divino. Cualquier psicólogo agnóstico, ateo y humanista puede diagnosticar que el proceder de este condenado era el de una persona que, en su sufrimiento y agonía mortal, deliraba. Lo de él no fue un delirio, sino una experiencia genuina con la realeza del Señor: «Rey de reyes y Señor de señores» (Apocalipsis 19:16).

II. La contestación, «De cierto te digo que hoy estarás conmigo en el paraíso.»

En su contestación Jesús comienza diciéndole, «De cierto...» Esta expresión en el original griego se lee «amén». En su significado más profundo y literal encierra la connotación de seguridad, veracidad, afirmación y realidad. Las palabras «amén» y «aleluya» son internacionales en su uso y pronunciación. El Señor no se introduce con ambigüedades, incertidumbres o inseguridades. Él parte de una premisa afirmativa y segura. Por eso el vidente de Patmos no vaciló en referirse a Él con el título de «el Verdadero» (Apocalipsis 3:7, 14; 6:10; 19:11).

De esa positiva y concreta introducción, el Señor pasa a decir: «te digo que hoy estarás conmigo en el paraíso». Las palabras «te digo» hacen que la promesa del Señor sea un «rhema» y no un «logos» para este penitente. El «rhema» es la Palabra directa y personal para el creyente; por el contrario «logos» es la Palabra general e indirecta. En el «logos» Dios promete; en el «rhema» Dios cumple.

Los Testigos de Jehová o como les llama un evangelista amigo mío «los Testigos de Jeroboam», en su controversial traducción de la Biblia rinden la porción bajo consideración así: «Verdaderamente te digo hoy: Estarás conmigo en el Paraíso». En su interlineal griego en vez de los dos puntos (:) ponen una coma (,). Este principio gramatical crea una nueva escuela de interpretación bíblica o de exégesis al texto tratado.

Notemos que tanto las versiones bíblicas católicas como protestantes, no emplean la coma ni antes de «hoy» ni después. Para los Testigos de Jehová los dos puntos o la coma después de «hoy» pospone la promesa hecha por Jesús a aquel crucificado. Pero la promesa expresada por el Señor no era de un cumplimiento tardío o postrero; era para cumplirse ese día presente, «hoy». No era el futuro lo que Jesús visualizaba sino el presente.

Jesús no le prometió hacerle un súbdito en el reino que algún día establecería. Es más, concretamente le asegura un lugar de eterno descanso para su alma. Cuán gloriosas son estas palabras, que se levantan como un monumento sobre el pedestal de la historia: «... hoy estarás conmigo en el paraíso». El presente «hoy» y el lugar «el paraíso» eran de más importancia para el Señor en esa hora, que el tardío «reino» que Él establecería.

Con anterioridad a la resurrección del Señor, «el paraíso» y «el seno de Abraham» eran nombres sinónimos que describían el lugar al cual iban los justos en su muerte (Lucas 16:22). Este sitio preparado para los justos estaba localizado continuo al lugar de tormentos donde iban los injustos en su muerte; y estaba separado del «hades» o lugar de tormentos por «una gran sima» (Lucas 16:22-26).

Jesús, en la resurrección, transfirió a todos los justos que estaban en «el seno de Abraham» o «paraíso» al tercer cielo (Efesios 4:8-10). Evidencia de eso son las palabras de Pablo cuando habla de «un hombre en Cristo» que «fue arrebatado hasta el tercer cielo» (2 Corintios 12:2), refiriéndose a su propio testimonio. Luego añade, «que fue arrebatado al paraíso» (2 Corintios 12:4).

El alma y el espíritu constituyen la parte espiritual del ser humano. La Biblia muchas veces enseña una dicotomía (espíritu y cuerpo) y otras veces una tricotomía (espíritu, alma y cuerpo). Los seres humanos somos tripartitos; estamos constituidos por un espíritu (pneuma, griego), un alma (psuque, griego) y un cuerpo (soma, griego). Aunque los animales tienen alma, al morir éstos la misma deja de existir por cuanto carecen de un espíritu. El espíritu capacita al hombre para conocer a Dios; el alma capacita a éste para conocerse a sí mismo y para conocer a otros; el cuerpo es el medio que el alma-espíritu emplea para conocer y expresarse con este mundo. El alma y el espíritu en el ser humano no se separan bajo ninguna condición. Ambos constituyen la personalidad humana. Aunque el cuerpo muere, el alma-espíritu continuará existiendo.

El alma-espíritu de aquel crucificado se encontró con el alma-espíritu-divinidad del Señor en el paraíso. Según el relato bíblico, Jesús murió primero que los dos crucificados (Juan 19:32-34). Aunque el Señor partió primero, allí en el paraíso se encontró con el crucificado arrepentido y todas las almas-espíritus de los justos que allí esperaban. Luego el Señor se trasladó al paraíso con los que allí esperaban al tercer cielo. Desde ese entonces el paraíso está en el cielo (Apocalipsis 2:7). Todos los justos que han partido allí van a estar presentes con el Señor (2 Corintios 5:8; Filipenses 1:21-23). Morir con la esperanza y la seguridad de un lugar de eterno reposo para el alma-espíritu, es la mejor dicha que el ser humano puede tener en esta efímera existencia humana.

Hace algún tiempo, la noticia del fallecimiento en circunstancias dudosas de un hombre que había sido evangelista conmovió a la comunidad cristiana en muchos sectores de Nueva York y Puerto Rico. El fallecido estaba descarriado y manos criminales en las primeras horas de la madrugada, con bombas de fuego, incendiaron el Club Nocturno donde él se encontraba junto a cuatro personas más.

En compañía de mi esposa asistí a la funeraria donde su caja mortuoria estaba cerrada por el carácter de su muerte. Aquel hombre pudo haber fallecido como un príncipe sentado a la mesa de un rey, y con todos los honores que se dan a un soldado cristiano. Sin embargo, y no expreso un prejuicio condenatorio, murió de manera violenta como un pordiosero a la puerta de un palacio.

Lo que ocurrió con el occiso mencionado y su cita en la eternidad, es algo que está rodeado de interrogantes, dudas, incertidumbres y una esperanza ilusoria. Algún día, en la eternidad, todo se aclarará en nuestras mentes. Pero de esta vida convertida, cambiada, y transformada en el Calvario, sabemos que está en el paraíso, en el cielo y en el día de la resurrección recibirá el cuerpo glorificado.

Aquel penitente no necesitó tomar ningún cursillo para catecúmenos; bautizarse en agua; ser miembro activo con el Señor por algún tiempo. El haber creído en Jesús; el aceptar la divinidad y la revelación de su realeza, lo preparó para tener una cita con la muerte. Con Jesús como compañero, él estuvo listo para su viaje al más allá. En conclusión te quiero formular algunas preguntas: ¿Estás preparado para recibir la muerte? ¿Será el Señor Jesús tu compañero de travesía cuando tengas que atravesar el «valle de sombra y de muerte»? Podrás decir, «¿hoy estaré en el paraíso?» Si no te has preparado para morir, te invito a que lo hagas.

3

LA PALABRA DEL
DEBER

«Cuando vio Jesús a su madre, y al discípulo a quien él amaba, que estaba presente, dijo a su madre: Mujer, he ahí tu hijo. Después, dijo al discípulo: He ahí tu madre. Y desde aquella hora el discípulo la recibió en su casa» (Juan 19:26, 27).

En esta tercera palabra, Jesús pone en relieve su naturaleza afectiva, y descuella los lazos filiares que le unen a su madre. Es una palabra tierna, cariñosa, saturada de amor y bienestar a la bienhechora de sus días terrenales.

Esta palabra tiene dos destinarios: su «discípulo a quien amaba» (Juan 21:20) , y su madre. A esto se debe el que Juan sea el único evangelista en presentar el registro inspirado de la misma. En el cúmulo de las experiencias que Juan recibió del Señor, ésta no podía pasar al archivo olvidado de la historia.

El contexto escriturado que rodea esta palabra nos permite descubrir que en la cruz, el Señor tenía compañía. En Juan 19:25 leemos: «Estaban junto a la cruz de Jesús su madre, y la hermana de su madre, María mujer de Cleofás, y María Magdalena». Además, por supuesto, allí estaba Juan. Consideremos brevemente las mujeres mencionadas por Juan:

1. *La madre de Jesús.* Como madre, ella estuvo próxima a su hijo en el momento del dolor. El

amor de madre es más fuerte que la muerte. En Cantares 8:6 leemos: «... Porque fuerte es como la muerte, el amor...»

2. *La hermana de la madre de Jesús*. Es decir, su tía. Juan no la identifica por nombre. Al examinar la armonía de los evangelios, descubrimos que la expresión «y la madre de los hijos de Zebedeo» (Mateo 27:56), y «Salomé» (Marcos 15:40), parecen referirse a un mismo personaje. Esta Salomé era entonces la madre de Juan y Santiago. Los «hijos de Zebedeo» son un sobrenombre atribuido a Juan y Santiago o Jacobo (Mateo 20:20 cf. Marcos 10:35). Esta especulación nos hace arribar conclusivamente a la opinión de que el apóstol Juan y su hermano Santiago eran primos del Señor.

3. *La mujer de Cleofás, llamada María*. De esta María se sabe poco o nada. Pero en Lucas 24:18 se emplea el nombre de Cleofás para identificar a uno de los dos discípulos que, camino a la aldea de Emaús, fueron testigos del Cristo resucitado.

4. *La mujer llamada María Magdalena*. En los otros evangelios no hay ninguna dificultad en emplearse el nombre María Magdalena (Mateo 27:61; Marcos 15:40). Según Marcos 16:9, Jesús libertó a María Magdalena de una posesión de siete demonios. En Lucas 8:2 leemos: «Y algunas mujeres que habían sido sanadas de espíritus malos y de enfermedades: María, que se llamaba Magdalena, de la que habían salido siete demonios». Luego, en el versículo 3, Lucas añade: «... y otras muchas que le servían de sus bienes». Esto nos da la impresión de que María Magdalena había sido una mujer pudiente y de recursos económicos. Pero puso todo al servicio del Señor. Me apena el ver tantos creyentes que

no han aprendido el secreto de dar para el Señor. Además, Lucas indica que próximos al Calvario había más seguidores del Señor: «Pero todos sus conocidos, y las mujeres que le habían seguido desde Galilea, estaban lejos mirando estas cosas» (23:49).

Ahora, quisiera formular algunas consideraciones a esta tercera palabra expresada por Jesús:

I. El deber de Jesús hacia su madre, «mujer, he ahí tu hijo»

Para Jesús, vivir una generación completa en relación con su madre, fue una humana experiencia difícil de ser borrada. El martirologio del Calvario no puede quitar de su vida las huellas maternales. En vez de centralizarse en su propio sufrimiento, piensa en la seguridad social de su madre. ¡Qué gran ejemplo para los hijos ofrece Jesús! En la cruz Él honra a su madre, cumpliendo con el quinto mandamiento del decálogo: «Honra a tu padre y a tu madre, para que tus días se alarguen en la tierra que Jehová tu Dios, te da» (Éxodo 20:12). Hoy en día, vivimos rodeados por una generación de hijos, que en poco o en nada estiman a sus progenitores. Los ancianos son maltratados en nuestra sociedad; se les prejuicia y no se les dan las debidas consideraciones. En las congregaciones no hay programas destinados a suplir las necesidades de los ancianos.

En el delicado y tierno vientre de la jóven virgen María, por obra directa del Espíritu Santo, se realizó el milagro de la concepción divina-humana que formó al embrión de quien el ángel le dijo a José, «y llamarás su nombre Jesús...» (Mateo 1:21). Por nueve largos y tediosos meses, María llevó en su vientre al Mesías que habría de nacer. Ella, durante su inexplicable y milagroso embarazo, tuvo que cuidar su dieta alimenticia; tuvo que realizar labores livianas en el hogar; y sobre todo tener el máximo cuidado de no perder su criatura. Para esta jovencita, quizá con 15 o 16 años, carente de experiencia, esto era una mayúscula responsabilidad.

En el apócrifo de la natividad, llamado el Protoevangelio de Santiago, leemos: «... Pero María se había olvidado de los misterios que le había comunicado el arcángel Gabriel... Y pasó tres meses en casa de Isabel. Y de día en día, su embarazo iba aumentando, y, llena de temor, se marchó a su casa y se escondía de los hijos de Israel. Cuando sucedieron estas cosas, tenía ella dieciséis años» (XII:2-3).

Si su responsabilidad durante el embarazo fue algo especial, mayores fueron sus responsabilidades después del alumbramiento. Cuando el niño Jesús lloraba, María tenía que aproximarse a la tierna criatura y ver por qué lloraba. Muchas veces se preguntó a sí misma: «¿Qué le pasa a Jesús? ¿Tendrá hambre? ¿Se habrá lastimado? ¿Por qué continúa llorando?» Como madre, al fin descubría la causa de su lloro infantil.

María también observaba a su niño Jesús crecer y desarrollarse. En Lucas leemos de la niñez de Jesús con anterioridad a los doce años: «Y el niño crecía y se fortalecía, y se llenaba de sabiduría; y la gracia de Dios era sobre él». Luego, en Lucas 2:52 se nos describe el desarrollo posterior de Jesús después de los doce años: «Y Jesús crecía en sabiduría y en estatura, y en gracia para con Dios y los hombres». Notemos que Lucas 2:52 describe el desarrollo intelectual, físico, espiritual y social de Jesús. En el Señor hubo un desarrollo completo, representando así al hombre total.

Como a todo niño, a Jesús le tuvo que gustar el juego. ¡Cuántas veces no regresó a la casa de su madre, con el manto sucio de tanto jugar! A veces tuvo que ser reprochado por su madre: «¿Jesús, por qué has ensuciado el manto limpio que te pusiste esta mañana?» Otras veces, quizá su madre simplemente le dijo: «Anda, Jesús, lávate las manos y cámbiate, que ya es hora de cenar».

La imagen apócrifa del «super-niño-Jesús» es falsa y exagerada. Jesús fue un niño normal a su edad. En su adolescencia continuó siendo normal. No fue un exhibicionista de milagros. Aún más, creo muy acertadamente, que el primer milagro realizado por Jesús ocurrió cuando éste tenía treinta años de edad. ¿Cuál fue ese milagro? Él convirtió el agua de las siete tinajas de piedra en «buen vino». Juan es claro cuando declara: «Este principio de señales hizo Jesús en Caná de Galilea, y manifestó su gloria; y sus discípulos creyeron en él» (Juan 2:11).

Para beneficio del lector, que quizá nunca ha podido leerse los evangelios apócrifos, donde una serie de episodios fantásticos y totalmente absurdos se le atribuyen al niño Jesús, deseo hacer mención de algunos:

1. «... Entonces Jesús bajó del regazo de su madre y se plantó por su propio pie frente a los dragones. Ellos lo adoraron y luego se marchó...» (Evangelio del Pseudo Mateo XVIII:2).
2. «Entonces el niño Jesús, que plácidamente reposaba en el regazo de su madre, dijo a la palmera: Agáchate, árbol, y con tus frutos da algún refrigerio a mi madre. Y a estas palabras, inclinó la palmera su penacho hasta las plantas de María, pudiendo así recoger todo el fruto que necesitaban para saciarse...» (Evangelio del Pseudo Mateo XX:2).
3. «Díjole Jesús: No tengas miedo, José; yo os abreviaré el camino, de manera que lo que habíais de hacer en treinta días, lo hagáis en uno solo. Y mientras iban diciendo esto, tendieron su vista y empezaron a ver ya las montañas y las ciudades de Egipto» (Evangelio del Pseudo Mateo XXII:1).
4. «... Se encontraba Jesús en Galilea, recién

cumplidos sus tres años, y jugaba un día con otros niños junto al lecho del Jordán. Se sentó e hizo siete balsas de barro. En ellas abrió otros tantos canales por los que con sólo su manto hacía discurrir el agua de la corriente y luego la dejaba salir. Mas uno de aquellos muchachos, hijo del diablo, cerró por envidia los orificios que daban entrada al agua en las balsas y estropeó la obra de Jesús. Éste le dijo: ¡Ay de ti, hijo de la muerte, hijo de Satanás! ¿Te atreves a deshacer lo que yo acabo de construir? Y al momento, fue muerto el rapaz» (Evangelio del Pseudo Mateo XXVI:1).

5. «A continuación, tomó Jesús barro de las charcas y a vista de todos, hizo con él doce pájaros... Y, al mandato de su voz, todos se echaron a volar...» (Evangelio del Pseudo Mateo XXVII).

6. «... De improviso vino de la parte contraria un muchacho, hijo también de iniquidad, quien se lanzó en su carrera contra los hombros de Jesús, pretendiendo burlarse de Él o hacerle daño, si fuera posible. Mas Jesús le dijo: No te levantarás sano ya del camino por donde vas. Y al instante, cayó muerto... tomó Jesús de la oreja al rapazuelo difunto y le suspendió en el aire a vista de todos... Con lo que retornó a él su alma y revivió, cosa que dejó a todos pasmados de admiración» (Evangelio del Pseudo Mateo XXIX).

7. «Otro día salió al campo llevando un poco de trigo del granero de su madre y lo sembró. El trigo nació, creció y se multiplicó prodigiosamente...» (Evangelio del Pseudo Mateo XXXIV).

8. «Después atravesó Jesús el Jordán en compañía de los leones y en presencia de todos. Las aguas del río se partieron entonces a derecha e

izquierda» (Evangelio del Pseudo Mateo XXXVI).

9. «... José obedeció sus indicaciones, pues sabía que Jesús era capaz de hacer todo cuanto se proponía. Tomó, pues, José las extremidades de los maderos y los adosó a la pared junto a sí. Jesús hizo lo mismo, tirando de la otra punta, y estiró el travesaño más corto hasta que logró igualrlo con el más largo... Y José pudo terminar la obra prometida» (Evangelio del Pseudo Mateo XXXVII:2).

10. «Y, siempre que se juntaban, Jesús les santificaba y les bendecía, siendo también el primero en empezar a comer y beber. Pues nadie se atrevía a hacerlo, ni siquiera sentarse a la mesa o a cortar el pan, mientras Jesús no lo hubiera hecho y les hubiera bendecido...» (Evangelio del Pseudo Mateo XLII:2).

Como ha podido observar el lector al leer estos relatos, sobre la niñez de Jesús se tejieron una serie de leyendas que, en ninguna manera, encuentran apoyo en la revelación del Nuevo Testamento canónico.

Toda la literatura apócrifa relacionada con la niñez y vida de Jesucristo, se remonta a los primeros años del siglo II y se extiende hasta el siglo IV. Personalmente, he estudiado toda la literatura apócrifa, tanto del Antiguo Testamento como la del Nuevo Testamento. Los escritos apócrifos, aunque son interesantes como lectura o ejercicio mental, caen por su hiperbolismo, inexactitud, falta de coherencia, ausencia de espiritualidad, conflictos con la revelación bíblica, y finalmente, al leerlos, uno siente que no son inspirados divinamente.

Ahora, deseo volver a considerar el deber que Jesús tenía hacia su madre. Por ser Jesús el hijo mayor de la familia, teniendo cinco hermanos y hermanas (Mateo 13:55), sobre

Él recaían más responsabilidades. Su madre muchas veces le encargó la protección y cuidado de sus hermanitos.

José, su padrastro, un hábil carpintero según la tradición religiosa, y conforme a la costumbre de sus días, le enseñó a Jesús los secretos y las destrezas de la carpintería. En Nazaret, José se conocía por su oficio de carpintero. En Mateo 13:55 leemos la pregunta expresada por los nazarenos: «¿No es éste el hijo del carpintero?» Luego en Marcos 6:3 se nos demuestra que Jesús tuvo por oficio la carpintería: «¿No es éste el carpintero, hijo de María, hermano de Jacobo, de José, de Judas y de Simón? ¿No están también aquí, con nosotros, sus hermanas? Y se escandalizaban de él.»

El hecho de José no ser mencionado durante el ministerio público del Señor, es evidencia de su fallecimiento previo. Los primeros treinta años de la vida de Jesús fueron ordinarios. A la muerte de José, es de creerse que Jesús tomó la dirección del taller de carpintería. En esta tarea de carpintero, tuvo la asistencia de sus hermanos. Antiguamente, ciertos oficios eran característicos de una familia específica.

Pero un día, «fue llevado por el Espíritu al desierto» (Mateo 4:1), donde ayunó cuarenta días con sus noches. Sus treinta años de vida normal habían finalizado, ahora le esperaban días de actividad ministerial. La agenda que el Padre había trazado para Él en la eternidad, la comenzaba a desarrollar. El ministerio de Jesús no estaba respaldado por títulos académicos o credenciales religiosas, su respaldo venía de lo alto, del cielo, era con poder y señales. Soy un gran defensor de la educación y defiendo el gobierno eclesiástico. Esto lo hago por algunas razones: primero, porque poseo una buena formación académica y segundo, porque he llegado a ser líder de una gran organización religiosa. Pero seguro estoy, que hoy en día, si el joven Jesús aplicara para el ministerio en muchas de nuestras organizaciones religiosas, no cualificaría para ningún grado ministerial. Simplemente, porque en la actualidad las demandas y requisitos espirituales son secundarios a la experiencia, la edad y la educación.

Pronto, los métodos de enseñar y de predicar manifestados por el Señor, le ganaron simpatizantes y seguidores. Esta popularidad para un hombre joven, despertó el odio y persecución de parte de las estructuras religiosas existentes. El conflicto de Jesús versus los fariseos, escribas, saduceos y herodianos, comenzó a hacerse evidente.

Para María, mujer viuda que ya pasaba los cuarenta años, estos días estaban llenos de incertidumbres, amarguras y expectaciones. El joven maestro de Galilea, había creado una revolución espiritual y una restauración religiosa. Notemos como las expresiones «oísteis que fue dicho» (Mateo 5:21, 27, 38, 43), «también fue dicho» (Mateo 5:31) y «habéis oído que fue dicho» (Mateo 5:33); él las sustituye por «Pero yo os digo» (Mateo 5:22, 28, 32, 34, 39, 44).

Jesús fue no-conformista con el «status quo» de la religión tradicional, y desenmascaró la hipocresía religiosa practicada por el clero de sus días. Sin titubeos, los llamaba «hipócritas», «sepulcros blanqueados» y les decía que estaban «llenos de huesos podridos».

Confrontar el poder religioso en los días de Jesús era como firmar un decreto de muerte. En este particular, el Señor no fue ecumenista, interdenominacional y conservador liberal.

Me detengo aquí, para decir que esa imagen de un Jesús rubio y de ojos azules, llamado el «rubio de Galilea», bien parecido y de gran estatura, no tiene nacimiento en la revelación bíblica. Aún más en Isaías 53:2 leemos: «... no hay parecer en él, ni hermosura; le veremos, mas sin atractivo para que le deseemos». Este Jesús de ojos azules y pelo rubio, nació en el lienzo de los pintores medievales. Es la propagación anglosajona de un Jesús a la imagen de los ingleses y los europeos.

Dirá alguien que en Cantares 5:10 se nos demuestra que Jesús era rubio: «Mi amado es blanco y rubio, señalado entre diez mil». Enfáticamente declaramos que dicho versículo, en su sentido literal, se aplica a Salomón y no a Cristo. Aún más, el adjetivo «rubio» (Reina-Valera, 1960) en la Revisión de 1977 por CLIE se rinde «sonrosado».

Una lectura al contexto del versículo 11 nos revelará que Salomón no tenía el pelo rubio: «Su cabeza, como oro finísimo; sus cabellos crespos, negros como el cuervo». Claramente, aquí se evidencia que el cabello de Salomón era crespo y negro.

A pesar de toda la prueba bíblica, muchos de nuestros líderes continúan patrocinando a este «rubio de Galilea». Aún se canta un coro donde escuchamos las palabras: «El rubio de Galilea va pasando/ Déjalo que te toque/ Déjalo que te toque/ Para que recibas la bendición.»

Aunque la curiosidad humana continuará enfrascada en identificar la pigmentación del Señor, doy gracias a Dios por dejarnos a oscuras en la revelación bíblica. No fue la pigmentación de Jesús lo que nos salvó, sino su vida que dio en rescate por muchos. Fuera blanco, rubio, trigueño, moreno o negro, lo importante es que murió por todos nosotros.

María pasó muchas noches desvelada y sin reconciliar el sueño pensando en los peligros que cercaban a su hijo. Días enteros estuvo sin deseos de comer, con su mente puesta en Jesús. En momentos de humana reflexión, deprimida emocionalmente, pensaba: «¿Qué será de mi hijo Jesús? ¿Dónde estará en este momento? ¿Lo volveré a ver con vida?» Ella recordaba siempre la profecía de Simeón, cuando Jesús fue circundado al cumplir ocho días de nacido: «y una espada traspasará tu misma alma, para que sean revelados los pensamientos de muchos corazones» (Lucas 2:35). Allí, a la distancia donde Jesús estaba crucificado, esa espada había comenzado a traspasar el alma de esta bendita madre.

Por lo tanto, en esta tercera palabra, Jesús comprende el dolor de su madre, y le dirige este consuelo: «Mujer, he ahí tu hijo». La palabra «mujer», conforme a la costumbre cultural de los días del Señor, más que una falta de respeto, era un título de estima, consideración y respeto. Algo así como el título «señora» o «doña», empleado por nosotros, los latinos. En las bodas en Caná, el Señor preguntó a su madre: «¿Qué tienes conmigo, mujer?» (Juan 2:4). La palabra griega de la cual se traduce «mujer» en estos pasajes es «gunë».

Él reconoció, en su posición de cordero llevado al matadero (Isaías 53:7), la difícil experiencia que su amada madre tenía mientras lo contemplaba suspendido en aquella cruz. Él no pensó en su propia muerte, sino en el dolor que la misma ocasionaría a su madre. Para María, era su primer hijo que moría, no por enfermedad, no en un accidente, sino como un reo a muerte según la opinión de sus enemigos, pero en opinión de sus seguidores, moría como el Salvador del mundo.

Al decirle, «mujer, he ahí tu hijo», le está extendiendo en la persona de Juan, único discípulo en el drama del Calvario un consuelo. O sea, aunque Él muriera, ella no perdería a un hijo; en Juan recibiría a otro.

Como ministro he oficiado en muchos funerales, y sé lo que significa tener cerca a alguien que pueda consolar y acompañar a los deudos en un momento tan difícil y confundido. En este particular, Jesús fue consciente de los efectos de la muerte sobre los seres queridos que quedan a atrás. Es mi consejo a los ministros y líderes cristianos que aprendan a ser realistas cuando tratan el episodio de la muerte. No es el momento de estar jugando con los sentimientos ajenos. Tampoco se puede hacer un espectáculo clerical. Muchas veces, una simple oración por los deudos; el decirle: «Yo comprendo tu pena y tu dolor», hace más efecto que un recital bíblico, una letanía religiosa o una escenografía celestial.

Quisiera ilustrar lo antes expresado con un relato dicho por Plutarco Bonilla. En el año 1963, el hermano Bonilla perdió a su amada esposa, víctima del cáncer. El Dr. Cecilio Arrastía le escribió una carta de condolencia diciéndole:

«No he podido evitar el recordar algo del pasado alrededor de Marta. Recuerdo cuando os conocí, a ti y a ella, siendo ambos estudiantes en el Seminario. Recuerdo su personalidad tan dulce y siempre sonriente. Recuerdo, muy reciente, cómo me atendió ella y me brindó un sabroso almuerzo tan pronto llegué a Alajuela, en mi último viaje a Costa Rica. Pienso en la tristeza de sus familiares allá en Chile, familiares a los cuales nunca más pudo visitar. Y pensando todo esto, siento que es cierto que hay muchos tramos del itinerario de nuestra vida que hay que andarlos a golpes de fe. Porque no hay explicación racional a cosas como éstas. Y yo, Plutarco, no pretendo hacer de mi carta un sermón, ni tratar de consolarte. Sólo quiero que sepas que estoy junto a ti como amigo y como hermano, haciéndome las mismas preguntas que tú te haces. ¿Por qué, Señor, por qué?» (*La predicación, el predicador y la iglesia*, CELEP, página 10, 1983).

Sostengo que al decirle Jesús a su madre, «Mujer, he ahí tu hijo», no era por razones económicas; tampoco por problemas familiares entre los medio hermanos de éste y María. La razón es que, en el Calvario, ninguno de ellos estaba presente.

En Juan 7:5 leemos: «Porque ni aun sus hermanos creían en él». Este versículo a dado lugar a la hipótesis bíblica de que Jesús no podía considerar a sus hermanos por la incredulidad que, hacia Él, habían manifestado. Aunque no descarto esta posibilidad, considero mi argumento ya expuesto como algo más lógico.

II. La confianza de Jesús hacia su discípulo, «He ahí tu madre.»

Ahora entramos a considerar el segundo punto homilético de este sermón. Ya hemos visto que Juan era el único discípulo que acompañaba a las mujeres. Aunque es posible que hubieran estado otros hombres. Lucas emplea la expresión, «todos sus conocidos» (23:49). Pero ninguno de los apóstoles y hermanos de Jesús estaban a lo menos a distancia de la cruz.

La expresión, «he ahí tu madre», responsabilizaba a Juan para que, a partir de ese momento, ministrara a María. Y según hemos sugerido ya, Juan y Jesús eran primos, y por lo tanto, María era tía de éste. Es decir, que es una situación familiar la que aquí se está tratando. En los días bíblicos, la familia extensa formaba parte de los valores culturales. Aún en nuestros días, en ciertas regiones, la familia extensa continúa funcionando socialmente.

La familia moderna es mayormente nuclear en el contexto urbano, es decir los padres e hijos. La familia extensa vincula en participación de disciplina y transmisión de valores culturales a los abuelos y a los tíos.

La tradición considera que de los apóstoles, Juan era el más joven en edad. Según el relato de los evangelios, su compañía era muy próxima a Jesús. Éste en compañía de su hermano Santiago y de Pedro constituyeron el círculo íntimo del Señor durante el ministerio público de éste.

Juan estaba capacitado para ministrar a su tía María, y para ayudarla en aquellos momentos de tan humana desesperación. Este apóstol del amor recibió allí un fresco ministerio de consolación. ¡Tanto que se necesita en nuestros días ese tipo de ministerios! Los institutos bíblicos y seminarios teológicos están preparando hombres y mujeres en las disciplinas teológicas, bíblicas, apologéticas, didácticas, homiléticas, exegéticas y administrativas. Lo cual encomío y reconozco, pero se necesita preparar a líderes para la gran tarea de curar ovejas. Ministros que sepan interpretar el dolor del prójimo, no en un ejercicio homilético, sino sentados en el banco del sufrimiento humano (Job 3:13; Ezequiel 3:14, 15; Lucas 10:30-37).

III. El cumplimiento a esta palabra, «Y desde aquella hora, el discípulo la recibió en su casa.»

Juan respondió inmediatamente al encargo hecho por el Señor. ¡Cuántos de nosotros postergamos y posponemos las tareas que el Señor nos encomienda! En la actualidad se emplea mucho el anglicismo «procrastinar» que significa dejar para después o demorarse en hacer algo o simplemente, pensar en hacerlo y dejarlo. Éste es un gran problema en la comunidad cristiana, muchas resoluciones y reuniones, pero pocos proyectos desarrollados.

Es como un ministro, amigo mío, que me decía: «Yo tengo el sueño de escribir un libro». Mientras siga soñando, no podrá jamás escribir el libro. En mi propia experiencia nunca me he puesto a soñar con escribir un libro, pero ya he escrito varios. En la vida hay metas que alcanzar, retos que confrontar y resoluciones que cumplir, pero hay que ser decididos. Como alguien se expresó, «más vale fracasar intentando hacer algo, que fracasar sin intentar hacer algo.» Hay que pensar siempre en «posibilidades» y no en «imposibilidades», según aprendemos del Dr. Robert Schuller. No proclamo una teología de éxito, de salud, de prosperidad y de bienestar; pero sí creo que el Señor da la victoria, sana, prospera y provee; doy un marcado respeto a las palabras del pastor de la Catedral de Cristal. La verdadera teología cristiana es: «dando siempre gracias por todo al Dios y Padre, en el nombre de nuestro Señor Jesucristo» (Efesios 5:20).

Muchas veces me he beneficiado al visitar el Marble Collegiate Church, donde el Dr. Norman Vicent Peale proclama su mensaje del «pensamiento positivo». Pero, consciente estoy que la victoria cristiana no consiste en la repetición de una serie de fórmulas psicológicas o de versículos bíblicos. Sencillamente, así no trabaja Dios. Las promesas bíblicas se reciben por fe, y la fe nace por el ejercicio del estudio bíblico, al escuchar predicaciones, y al estudiar libros cristianos con un buen contenido bíblico.

La expresión, «la recibió en su casa», pone de manifiesto el espíritu hospitalario de Juan. Entre los cristianos primitivos la hospitalidad era una virtud cristiana (Hechos 10:23; 21:16; Hebreos 13:2; 1 Pedro 4:9; Romanos 12:13; 1 Timoteo 5:10; 3:2; Tito 1:8).

Pablo, diferente a los evangelistas de hoy en día, cuando salía a alguna misión ministerial, no rentaba alojamiento en alguna posada, sino que se hospedaba en algún hogar cristiano. El entrometimiento, el abuso de confianza, los lobos disfrazados de ovejas, han hecho menguar la hospitalidad cristiana. Oremos a Dios para que la hospitalidad vuelva a ser una virtud cristiana.

Considero que la referencia, «la recibió en su casa», no tiene que tener una aplicación permanente, podía haber sido un alojamiento temporal. Y más aún, cuando en el libro de los Hechos descubrimos que María y sus hijos esperaban la promesa en el día de Pentecostés: «Todos éstos perseveraban unánimes en oración y ruego, con las mujeres, y con María, la madre de Jesús, y con sus hermanos» (Hechos 1:14). Aunque, anteriormente, vimos que los hermanos del Señor abrigaban dudas en relación con aquél, a partir de la resurrección de éste, ellos aceptaron su mesiazgo y divinidad.

Finalmente, en esta tercera palabra, descubrimos la lección espiritual de que en Cristo se une la raza humana; unidad que se refleja en la comunidad de los santos, la Iglesia. En la unidad de la Iglesia se cumplen estos versículos:

1. «Para que todos sean uno; como tú, oh Padre, en mí, y yo en ti, que también ellos sean uno en nosotros; para que el mundo crea que me enviaste... Yo en ellos, y tú en mí, para que sean perfectos en unidad, para que el mundo conozca que tú me enviaste, y que los has amado a ellos como también a mí me has amado» (Juan 7:21-23).

2. «Así nosotros, siendo muchos, somos un cuerpo en Cristo, y todos, miembros los unos de los otros» (Romanos 12:5).

3. «Solícitos en guardar la unidad del Espíritu en el vínculo de la paz; un cuerpo, y un Espíritu, como fuisteis también llamados en una misma esperan-

za de vuestra vocación, un Dios y Padre de todos, el cual es sobre todos, y por todos, y en todos» (Efesios 4:3-6).

En la unión de Juan y María, se prefiguran los lazos espirituales, que más fuertes que los consanguíneos, hacen de la Iglesia, la gran familia de Dios. En la unidad de la Iglesia no hay sexos, no hay edades, no hay clases, no hay privilegios sociales, no hay apellidos denominacionales, todos somos uno. ¿No es esto glorioso?

Más específicamente expresa el texto sagrado: «Ya no hay judío ni griego; no hay esclavo ni libre; no hay varón ni mujer; porque todos somos uno en Cristo Jesús» (Gálatas 3:28). «Donde no hay griego ni judío, circuncisión ni incircuncisión, bárbaro ni escita, siervo ni libre, sino que Cristo es el todo, y en todos» (Colosenses 3:11). «Porque no hay diferencia entre judío y griego, pues él mismo que es Señor de todos, es rico para con todos los que le invocan» (Romanos 10:12).

La unidad corporativa de la Iglesia (unidad misional, unidad litúrgica, unidad adorativa, unidad doctrinal, unidad estructural, unidad congregacional, etc.) es el reflejo de la unidad espiritual, que ésta como cuerpo místico y representativo de Cristo, demuestra en su misión histórica-profética.

La unidad espiritual de la Iglesia tiene que transcender los linderos y verjas de las colonias denominacionales o conciliares, a las inexplorables regiones del reino de Cristo.

Así como María aceptó la voluntad del Señor para su vida, y Juan la recibió en obediencia a aquél; la Iglesia de Cristo tiene que ser una, y no un rompecabezas de tradiciones eclesiásticas, odres humanos o pabellones de dogmas prejuiciadores. Cuando se acaben los «caciques» cristianos, entonces Cristo comenzará a reinar sin fronteras dentro de su pueblo que peregrina en el desierto de la historia humana.

4

LA PALABRA DEL DESAMPARO

«Cerca de la hora novena, Jesús clamó a gran voz, diciendo: ¿Elí, Elí, lama sabactani? Esto es: ¡Dios mío, Dios mío! ¿Por qué me has desamparado?» (Mateo 27:46).

Esta cuarta palabra es el centro de las siete palabras. En ella, el Calvario alcanza su clímax cristológico. El registro de la misma se encuentra en los evangelios de Mateo 27:46 y Marcos 15:34. La hora de su pronunciamiento se descubre en el reloj del hombre: Mateo dice que fue «cerca de la hora novena»; Marcos es más preciso y afirma que fue «a la hora novena». En el testimonio de los evangelistas sinópticos se evidencia que «a partir de la hora sexta hasta la hora novena hubieron tinieblas sobre toda la tierra» (Mateo 27:45; Marcos 15:33; Lucas 23:44).

En la computación del horario judío la «hora sexta» se refería a las doce del mediodía, y la «hora novena» a las tres de la tarde. A esa hora novena se la conocía también como «la de la oración» (Hechos 3:1). Fue a la hora novena del día cuando Cornelio tuvo la visión de un ángel de Dios (Hechos 10:3).

Sin lugar a dudas, el fenómeno de las tinieblas fue un eclipse solar. Esto se evidencia en las palabras lucaninas: «Y el sol se oscureció, y el velo del templo se rasgó por la mitad» (Lucas 23:45). En la hora novena, o tres de la tarde, se hacía también el sacrificio pascual en el templo, lo cual coincide con la muerte del Señor.

Según Marcos 1:25, «Era la hora tercera cuando le crucificaron». Es decir, las nueve de la mañana. Lo que parece ser una discrepancia entre Marcos y Juan, cuando este segundo señala «la hora sexta» (Juan 19:14) como el inicio del proceso de crucifixión, se aclara cuando interpretamos que éste emplea la computación romana del tiempo.

Al momento de expresar Jesús esta cuarta palabra, ya llevaba seis horas crucificado en el Calvario; seis horas de agudo dolor; seis horas de humano sufrimiento; seis horas donde el verdadero Dios estaba como verdadero hombre. De las siete palabras, ésta es la más rodeada de misterios divinos. Su profundidad es insondable. La más brillante exégesis bíblica sería elementar en su contenido.

Los evangelistas declaran que «Jesús clamó a gran voz», cuando declaró esta palabra (Mateo 27:46; Marcos 15:34). A la sombra de las tinieblas que arropaban el Calvario, ¡aquel clamor se hizo imponente! ¡Qué glorioso es pensar que, aunque todo sean tinieblas, la voz del Señor se puede escuchar!

Esta cuarta palabra Jesús la pronuncia en arameo, la lengua que en los días de Él, todo niño judío hablaba, aparte de que podían dominar el hebreo, el griego y aun el latín. Por lo tanto, el arameo era la lengua maternal que de niño, Jesús aprendió. En la resurrección de la hija de Jairo, el Señor habló en arameo: «Y tomando la mano de la niña, le dijo: *Talita cumi*»; que traducido es: «Niña, a ti te digo, levántate» (Marcos 5:41). Es interesante que sólo Marcos transmitió la expresión «Talita cumi». Probablemente porque así, en su original, se la comunicó Pedro a él. Las autoridades en el Nuevo Testamento, detrás del escrito de Marcos, descubren la mente de Pedro.

Sobre la composición literaria del evangelio de Marcos, nos refiere Eusebio de Cesarea las palabras de Papías:

«Decía aquel presbítero, refiere Papías, que Marcos, intérprete de Pedro, escribía totalmente con diligencia cuantas cosas encomendaba a la memoria; pero que, sin embargo, no exponía ordenadamente los dichos y hechos del Señor. Pues él nunca había oído ni seguido al Señor, sino que había vivido después con Pedro, como he dicho, el cual predicaba el Evangelio para utilidad de los oyentes, no para tejer una historia de los discursos del Señor. Por ese motivo, en nada faltó Marcos, que escribió algunas cosas tal como las sacaba de la memoria. Porque una sola cosa deseaba, a saber, no omitir nada de lo que había oído, ni agregar a ello alguna falsedad» (*Historia Eclesiástica*, Editorial Nova, Buenos Aires, 1950, capítulo 13).

Por el contexto escriturario de esta cuarta palabra descubrimos que lo dicho por el Señor fue malinterpretado. Mateo nos dice: «Algunos de los que estaban allí decían, al oírlo: A Elías llama éste» (27:47); después de darle vinagre sobre una esponja (27:48); algunos decían: «Deja, veamos si viene Elías a librarle» (27:49). Marcos está de acuerdo con Mateo en esta interpretación que se le hizo a lo expresado por el Señor (Marcos 15:35, 36). El escritor Marcos, en vez de «Elí, Elí» rinde «Eloi, Eloi» lo cual no afecta la traducción de «Dios mío, Dios mío». Es irónico que durante todo su ministerio Jesús fue muchas veces malinterpretado por sus enemigos; y aun en su suplicio, un grupo oye lo que no dijo. Clamó a Dios y decían que llamó a Elías. Todavía la raza humana continúa malinterpretando los dichos y palabras del Señor. Según William Barclay, los romanos adoraban entre sus dioses al Sol. Una de la oraciones dirigidas al dios-Sol principiaba con la palabra, «¡Heli!» A esto puede deberse la confusión de los soldados romanos (*El Nuevo Testamento*, volumen 2, editorial La Aurora, Buenos Aires, 1973, página 374). Fuera como fuera, si el hombre prestara más atención a lo dicho por Jesús, no habría razón para no entenderle.

I. «¡Dios mío, Dios mío!»

En todo su conjunto esta cuarta palabra es un cumplimiento profético-textual del Salmo 22:1, «¡Dios mío, Dios mío!, ¿por qué me has desamparado?» Más adelante volveré a considerar dicho Salmo en todo su contenido profético-mesiánico, y descubriremos la descripción de la crucifixión, la cual, en los días de David, no se practicaba todavía. Los primeros en emplear la muerte por crucifixión fueron los persas, luego los griegos, y finalmente, se hizo popular como pena capital por los romanos.

En el Calvario Jesús expresó tres oraciones en las siete palabras: La primera oración fue de intercesión, «Padre, perdónalos, porque no saben lo que hacen» (Lucas 23:34). La segunda oración es de ruego, «¡Dios mío, Dios mío!, ¿por qué me has desamparado?» La tercera oración es de entrega, «Padre, en tus manos encomiendo mi espíritu» (Lucas 23:46).

Notemos la introducción de esta oración, «Dios mío, Dios mío». Es Jesús, como hombre, quien ora. La humana y deplorante condición a la cual fue sometido «el Hijo de Dios» al hacerse «Hijo del hombre», lo hizo depender del «Padre» como su «Dios».

La humanidad del Hijo de Dios fue real y no una apariencia, verdadera y no fingida. Él fue verdadero Dios y verdadero hombre. La revelación bíblica es clara en describir al Jesús humano:

1. «Despreciado y desechado entre los hombres, varón de dolores, experimentado en quebranto; y como que escondimos de él el rostro, fue menospreciado, y no lo estimamos» (Isaías 53:3).
2. «Y aquel Verbo fue hecho carne, y habitó entre nosotros (y vimos su gloria, gloria como del unigénito del Padre), lleno de gracia y de verdad» (Juan 1:14).

3. «Haya, pues, en vosotros este sentir que hubo también en Cristo Jesús, el cual, siendo en forma de Dios, no estimó el ser igual a Dios como cosa a qué aferrarse, sino que se despojó a sí mismo, tomando forma de siervo, hecho semejante a los hombres; y estando en la condición de hombre, se humilló a sí mismo, haciéndose obediente hasta la muerte, y muerte de cruz» (Filipenses 2:5-8).

Notemos que Isaías declaró, «varón de dolores, experimentado en quebrantos». Pablo declaró, «hecho semejante a los hombres, y estando en la condición de hombre». Jesús fue cien por cien hombre, verdadero hombre de hombre.

A continuación quisiera citar el credo de Nicea, el cual es muy usado por las iglesias occidentales. No sólo demuestra la perfecta divinidad en Cristo, sino también su perfecta y completa humanidad:

«Creemos en un Dios Padre Todopoderoso, hacedor de todas las cosas visibles e invisibles.

Y un Señor Jesucristo, el Hijo de Dios; engendrado como el Unigénito del Padre; es decir, de la substancia del Padre, Dios de Dios; luz de luz; Dios verdadero de Dios verdadero; engendrado, no hecho; consubstancial al Padre; mediante el cual todas las cosas fueron hechas, tanto las que están en los cielos como las que están en la tierra; quien para nosotros, los humanos y para nuestra salvación, descendió y se hizo carne, se hizo humano, y sufrió, y resucitó al tercer día, y vendrá a juzgar a los vivos y los muertos.

Y en el Espíritu Santo.

A quienes digan, pues, que hubo cuando el Hijo de Dios no existía, y que antes de ser engendrado no existía, y que fue hecho de las cosas que no son, o que fue formado de otra susbtancia o esencia, o que es una criatura, o que es mutable o variable, a éstos anatematiza la iglesia católica.»

El haber dicho Jesús: «¡Dios mío, Dios mío!», no es ninguna evidencia teológica para denigrarlo de su divinidad o privarlo de sus prerrogativas únicas. El contexto de su propia vida, sus palabras, sus demostraciones particulares, son pruebas irrefutables de su deidad y procedencia divina. Él demostró ser el Hijo de Dios y no un hijo de Dios. Él fue «Dios manifestado en carne» (1 Timoteo 3:16).

Es peculiar notar que, en el Calvario, la relación de hombre a Dios se ejemplifica en lo expresado por el Señor, «¡Dios mío, Dios mío!». La palabra «mío» es un pronombre posesivo en primera persona. Es algo que denota seguridad, derecho y posesión. Literalmente, la humanidad de Jesús afirma: «Tú eres mi Dios».

Dios no debe ser una idea, una creencia o una filosofía. Tampoco Dios es un ser perdido en el desierto de la eternidad; o que está encerrado en las rejas de ciertas denominaciones cristianas. Dios no nació con la teología. Tampoco es un especimen espiritual para ser analizado en alguna camilla bibliotecaria, por un grupo de cirujanos seminaristas. Antes que la teología, ya era y siempre fue Dios. Por lo tanto, Dios tiene que ser una experiencia genuina, personal, interna y externa en la vida del ser humano. Dios merece tener un lugar de señorío en nuestros corazones. El tiempo de jugar a la iglesia ha terminado, y el tiempo de buscar a Dios ha comenzado.

II. «¿Por qué...?»

En nuestra lengua castellana el «¿por qué?» de pregunta son dos palabras. El «porque» de razón es una sola palabra. En el idioma inglés la interrogación es «why?», y la razón es «because». La palabra aramea «lama» es ese «¿por qué?»

Nuestro Señor buscó una respuesta ante el Dios-Padre para lo que él consideraba un desamparo. Ese «¿Por qué?» iba más allá de una satisfacción personal, era una respuesta que Jesús deseaba para la razón humana.

Cuando las tragedias humanas asaltan el castillo de nuestra vida ese «¿por qué?» vuelve a hacer eco en las paredes de nuestra existencia:

1. Alguien que es azotado por el rayo de la muerte pregunta: «¿Señor, por qué me ha sucedido esto? ¿Por qué tengo cáncer? ¿Por qué tengo que morir tan pronto? ¿Por qué ese ser querido ha tenido que dejarme?»

2. Alguien que es tocado por la mano de la enfermedad pregunta: «¿Por qué tengo que ser yo el que está enfermo? ¿Por qué tú permites, oh Dios que sufra en mi carne? ¿Por qué ese ser querido tiene que experimentar esa enfermedad?»

3. Alguien que es asaltado por los filisteos de los problemas se pregunta: «¿Por qué estoy en este abismo financiero? ¿Por qué confronto tanta oposición? ¿Por qué soy malinterpretado en mis acciones? ¿Por qué mi familia me es un obstáculo para servir a Dios?»

En vez de preguntar «¿por qué yo?», deberíamos preguntar «¿por qué no yo?» Esto es lo que se conoce como psicología invertida. En el reloj de Dios nunca sabremos cuándo sonará la alarma para nuestras vidas. Por más que yo tratara de explicarle a una hormiga muchas cosas, ésta jamás me entendería, porque es hormiga y yo hombre. Por más que Dios tratara de explicarnos todas las cosas, jamás entenderíamos por qué Él es Dios y nosotros humanos.

En cuanto a ese «¿por qué?» del Señor, muchos predicadores han sugerido que el «porque» está en 2 Corintios 5:21.

Esa porción bíblica cita: «Al que no conoció pecado, por nosotros se hizo pecado, para que nosotros fuesemos hechos justicia de Dios en él».

El pasaje referido se puede contextualizar con Gálatas 3:13, «Cristo nos redimió de la maldición de la ley, hecho por nosotros maldición (*porque* está escrito: Maldito todo el que es colgado en un madero)».

En Deuteronomio 21:22, 23 se nos aclara más el sentido contextual: «Si alguno ha cometido algún crimen digno de muerte, y lo hacéis morir, y lo colgáis en un madero, no dejes que su cuerpo pase la noche sobre el madero; sin falta lo enterrarás el mismo día, *porque* maldito por Dios es el colgado; y no contaminarás tu tierra que Jehová, tu Dios, te da por heredad.»

Fíjese como el «porque» sugerido en 2 Corintios 5:21, se descubre sin dificultad en Gálatas 3:13, y en Deutoronomio 21:23. ¿No es maravilloso ver como la Biblia se interpreta a sí misma? La primera ley de la hermenéutica bíblica es: La Biblia es su mejor intérprete.

La expresión «se hizo pecado por nosotros» significa entonces que «maldito por Dios es el colgado». En la crucifixión Jesús, como hombre, substituye al ser humano, tomando el lugar de maldito. Mediante ese reemplazo, «Cristo nos redimió de la maldición de la ley; hecho por nosotros maldición».

En Levítico 16 se tipifica mediante los dos machos cabríos la expiación y la reconciliación. Leemos el registro bíblico: «Después tomará los dos machos cabríos, y los presentará delante de Jehová, a la puerta del tabernáculo de reunión. Y echará suertes Aarón sobre los dos machos cabríos; una suerte por Jehová, y otra suerte por Azazel. Y hará traer Aarón el macho cabrío sobre el cual cayere la suerte por Jehová, y lo ofrecerá en expiación. Mas el macho cabrío sobre el cual cayere la suerte por Azazel, lo presentará vivo delante de Jehová para hacer la reconciliación sobre él, para enviarlo a Azazel al desierto» (16:7-10).

El macho cabrío sobre el cual caía la suerte por Jehová se le sacrificaba y representaba la expiación (16:11). Es decir, el hombre, típicamente, era cubierto de sus pecados ante la presencia de Jehová.

El otro macho cabrío que le caía la suerte por Azazel no tenía que morir, se le llevaba al desierto y se le dejaba libre:

«Y pondrá Aarón sus dos manos sobre la cabeza del macho cabrío vivo, y confesará sobre él todas las iniquidades de los hijos de Israel, todas sus rebeliones y todos sus pecados, poniéndolos así sobre la cabeza del macho cabrío, y lo enviará al desierto por mano de un hombre destinado para esto.»

«Y aquel macho cabrío llevará sobre sí todas las iniquidades de ellos a tierra inhabitada; y dejará ir al macho cabrío por el desierto» (Levítico 16:21, 22).

En esta cuarta palabra se cumple el tipo de Azazel en el Señor. No olvidemos que Azazel representaba reconciliación, o sea, las relaciones del hombre con Dios se restauraban.

Para que los beneficios de la expiación y la reconciliación se aplicaran al penitente, el mismo día el macho cabrío por Jehová tenía que morir; y el macho cabrío por Azazel tenía que llevarse al desierto. En Jesús, el ser humano alcanza expiación por los pecados y reconciliación para con el Padre.

En Apocalipsis 5:6 Juan nos dice: «Y miré, y vi que en medio del trono y de los cuatro seres vivientes, y en medio de los ancianos, estaba en pie un Cordero como inmolado, que tenía siete cuernos, y siete ojos, los cuales son los siete espíritus de Dios enviados por toda la tierra».

La palabra griega de la cual se traduce «inmolado» es «sphazo», la cual se emplea en el Nuevo Testamento diez veces. Significa literalmente «muerto» y «degollado». En ese Cordero apocalíptico, Juan vio la paradoja de la vida y la muerte, el tipo del macho cabrío por Jehová y el macho cabrío por Azazel.

Jesús en su desamparo, fue al desierto espiritual como hombre, para buscar la reconciliación entre Dios y la humanidad. Aquí se cumple Romanos 5:1, «Justificados, pues, por la fe, tenemos paz para con Dios por medio de nuestro Señor Jesucristo». En Jesucristo, Dios y el hombre se abrazan eternamente.

III. «¿... me has desamparado?»

La expresión «has desamparado» en el griego proviene del termino «enkataleipo» y se emplea en el original diez veces. Dicho término griego encierra dos ideas: desamparar (2 Corintios 4:9, 16) y dejar (Hechos 2:27, 31; Hebreos 10:25; 13:5). Por lo tanto, «me has desamparado» significa «me has dejado solo».

Jesús fue traicionado por su tesorero, el cual lo entregó por el precio de un esclavo romano, que eran treinta monedas de plata. Pedro, uno de sus asociados más íntimos, lo negó tres veces para protegerse a sí mismo. Todos los discípulos con la excepción de Juan y algunas mujeres, lo abandonaron. El máximo desamparo para el Señor, es que el Padre le hubiera retirado, aunque fuera por un tiempo limitado su presencia.

La compañía que el Señor había tenido con el Padre durante la eternidad, en su misión terrenal, en su agonía del Getsemaní, y aun en sus primeras horas de crucifixión; es interrumpida en esta cuarta palabra. Esa falta de comunión espiritual de Jesús-hombre con Dios-Padre comenzó a la hora sexta (doce del mediodía) y se extendió hasta la hora novena (tres de la tarde). Fue un período de «tinieblas», donde «la luz del sol se oscureció». Las tinieblas en las Sagradas Escrituras son símbolo de separación (Génesis 1:2-4), de falta de comunión espiritual (2 Corintios 6:14) y de una vida apartada de Dios (1 Pedro 2:9).

Es importante aclarar que Jesús en el Calvario no se hizo pecador, pero sí se hizo «pecado por nosotros». Son dos cosas muy diferentes. En su naturaleza espiritual no hubo ninguna imputación de pecado, pero sobre su cuerpo llevó el pecado de la humanidad. En las Escrituras esto se evidencia:

1. «Porque no tenemos un sumo sacerdote que no pueda compadecerse de nuestra debilidades, sino uno que fue tentado en todo según nuestra semejanza, pero sin pecado» (Hebreos 4:15).
2. «Al que no conoció pecado, por nosotros se hizo pecado, para que nosotros fuésemos hechos justicia de Dios en él» (2 Corintios 5:21).
3. «Así también Cristo fue ofrecido una sola vez para llevar los pecados de muchos; y aparecerá por segunda vez, sin relación con el pecado, para salvar a los que esperan» (Hebreos 9:28).
4. «Pero Cristo, habiendo ofrecido una vez para siempre un solo sacrificio por los pecados, se ha sentado a la diestra de Dios» (Hebreos 10:12).
5. «Pues para esto fuisteis llamados; porque también Cristo padeció por nosotros dejándonos ejemplo, para que sigáis sus pisadas; el cual no hizo pecado, ni se halló engaño en su boca» (1 Pedro 2:22).

Todos sabemos que el macho cabrío presentado a Jehová y los corderos sacrificados no podían pecar, pero se hacían substitutos del pecador como si ellos fueran pecado, y mediante su sacrificio, hacían la obra de propiciación y expiación. Hago esta aclaración porque muchos predicadores sostienen que Jesús, en esta cuarta palabra, experimentó una muerte espiritual, lo cual daría base para decir que Jesús pecó, ya que solamente el pecado lleva a la condición de muerte espiritual. La separación espiritual entre el Señor y el Dios-Padre fue por llevar el pecado de la humanidad.

Al tomar Jesús sobre sí el pecado humano, el Padre-Dios

tornó su rostro de Dios-Hijo. Ni aun sobre su Hijo, el Padre pudo resistir la presencia del pecado.

Otra tipología que se cumple en esta cuarta palabra es que el sumo sacerdote, en el día de la expiación, tenía que entrar solo al santuario, y hacer la expiación (Levítico 16:17). Jesús en el Gólgota al asumir la función de anticipo como sumo sacerdote (Hebreos 9:11-25), espiritualmente tuvo que quedarse solo.

Jesús estuvo desamparado por el Padre, para que nosotros fuéramos amparados: Estuvo desamparado, mas no sin esperanza; solo, mas no abandonado; alejado, mas no distanciado; triste, mas no aborrecido; en prueba, mas no derrotado.

Notemos todos los adjetivos empleados en Isaías 53 en relación con el Señor: «despreciado y desechado», «experimentado en quebranto», «menospreciado», «azotado», «herido de Dios y abatido», «molido», «angustiado», «afligido», «contado con los pecadores». No hay manera alguna para disfrazar el sufrimiento humano de Jesús detrás de su divinidad. Él sufrió en toda la capacidad humana. ¿Estarás tú dispuesto a sufrir por causa de su nombre? ¿Si te tocara escoger entre la vida y la muerte por Jesús que escogerías? ¿Hasta dónde llegarías en tu compromiso cristiano? ¿Qué es de más estima para ti, la aceptación del mundo o el sufrimiento por causa del evangelio? ¿Es tu cristianismo un juego religioso?

Todo creyente pasa por momentos en su vida donde se encuentra desamparado por la presencia de Dios. Se siente como si Dios no estuviera a su lado. Mi esposa y yo, cuando estábamos en nuestros primeros años de ministerio nos encontramos bajo un verdadero huracán de pruebas, dificultades y malentendidos. En aquellos días, cuando no veíamos al sol salir sobre el ocaso de nuestras vidas, aprendimos que Dios contesta de tres maneras: «Sí», «No» y «Espera». Gracias damos hoy día a Dios, cuando retrospectivamente miramos aquel negro capítulo editado por las contrariedades.

El famoso predicador y pastor Carlos Haddon Spurgeon

comparte con nosotros una experiencia sobre esta cuarta palabra:

«Hace algunos años sufrí una terrible depresión de mi espíritu, oprimido por ciertos sucesos inquietantes que me habían acaecido; estaba además enfermo, con lo que el corazón se me ahogaba en el pecho; y desde las profundidades del abismo sólo pude clamar a Dios. Antes de que me marchara a Mentone para reponerme, sufrí mucho del cuerpo; empero, mi alma sufría mucho más, por estar abrumado mi espíritu. En estas circunstancias, prediqué un sermón sobre las palabras: «Dios mío, Dios mío, ¿Por qué me has desamparado?» Jamás hubiera podido hallarme más capacitado para predicar sobre este texto. A decir verdad, yo desearía que pocos de entre mis hermanos tuvieran que penetrar tan profundamente en las desgarradoras palabras. Sentía hasta donde me era posible el horror de un alma abandonada por Dios. Aquélla no fue una experiencia nada agradable. Tiemblo ante la sola idea de volver a vivir semejante eclipse del alma; y oro para que no tenga que sufrir nuevamente de aquella manera, a menos que fuera para dar otra vez el mismo resultado» (*Ganadores de hombres*, editorial CLIE, 1984, páginas 156-157).

5

LA PALABRA DE LA NECESIDAD

«Después de esto, sabiendo Jesús que ya todo estaba consumado, dijo, para que la Escritura se cumpliese: Tengo sed» (Juan 19:28).

Ésta es la palabra más corta. En el original griego es una sola palabra, «dipso». En el idioma latín es otra palabra, «sitio». En la traducción francesa se lee, «J'ai soif». En nuestra lengua castellana son dos palabras, «tengo sed».

De los cuatro evangelistas, Juan es el único que recuerda y da mucha importancia a esta necesidad pronunciada por Jesús, al incluirla en su relato inspirado.

El tiempo de la composición del evangelio según San Juan de acuerdo a la Biblia anotada de Scofield, se fecha entre los años 85 y 90 D.C. Ya para la última década del siglo I y a principios del siglo II, en el Asia Menor había comenzado a florecer una enseñanza docetista que negaba una humanidad real en el Jesús histórico. Para ellos, la encarnación de Cristo no fue real. Ya que si Jesús hubiera asumido una humanidad verdadera, contradecía la separación entre un espíritu puro y un cuerpo como materia era malo. Para ellos, Jesús asumió la apariencia de un cuerpo humano, pero no fue humano. El gnosticismo era un peligro que amenazaba las principales doctrinas cristianas. Ponían su conocimiento místico por encima de la revelación bíblica; dividían la humanidad en dos grupos: «los espirituales» y «los materiales» (los primeros podían salvarse, los segundo no).

Juan el apóstol, al dar cita a este pronunciamiento hecho por Jesús, parece tener un propósito apologético en su disertación cristológica. En el Jesús de la historia se unió Cristo con el hombre. Por haber tenido Jesús una humanidad real, Dios en él descendió para tener una entrevista con el hombre. El mismo nombre Jesucristo o como lo escribe el Dr. Cecilio Arrastía «JesuCristo», une lo humano con lo divino, al «Theos» con el «anthropos»; a Jesús-hombre con Cristo-Dios.

Sobre esta dicotomía divina-humana nos declara el escritor eclesiástico del siglo IV, Eusebio de Cesarea: «... en Cristo existen dos naturalezas: una, semejante a la cabeza del cuerpo humano, según la cual es conocido como Dios; otra, que es comparada a los pies, en cuanto se vistió del hombre sujeto a los sufrimientos humanos para salvarnos...» (*Historia Eclesiástica*, Editorial Nova, Buenos Aires, 1950, capítulo 2).

Antes de entrar a considerar los puntos homiléticos de esta quinta palabra, deseo llamar su atención al hecho de que a Jesús se le ofreció una bebida tan pronto fue crucificado:

1. «Y cuando llegaron a un lugar llamado Gólgota, que significa: Lugar de la Calavera, le dieron a beber vinagre mezclado con hiel; pero después de haberlo probado, no quiso beberlo» (Mateo 27:33, 34).
2. «... Y le dieron a beber vino mezclado con mirra; mas él no lo tomó» (Marcos 15:23).

Estos dos pasajes son contextuales, y hacen armonía en su narración. Sin embargo, Mateo y Marcos no parecen estar de acuerdo con la bebida que describen. Mateo declara que era «vinagre con hiel». Marcos la describe como «vino mezclado con mirra». Lo que parece ser una discrepancia textual se aclara si consideramos que al Señor le ofrecieron «vinagre» (que es vino agrio, Rut 2:14) diluido con «hiel» (que puede ser una alusión a algo amargo) y «mirra». Esta bebida mezclada se ha considerado como un estupefaciente que se administraba a los condenados a la crucifixión, la cual les anestesiaba o aliviaba de los sufrimientos.

Ambos evangelistas afirman que Jesús «no quiso beberlo» y «no lo tomó». Él sufrió con todos sus sentidos despiertos, y estuvo sensible al dolor humano. Como nos dice Pedro: «Puesto que Cristo ha padecido por nosotros en la carne, vosotros también armaos del mismo pensamiento; pues quien ha padecido en la carne, terminó con el pecado» (4:1). El Señor experimentó en carne propia el dolor humano.

I. La causa de esta necesidad

Conforme a Marcos 15:25, «Era la hora tercera cuando le crucificaron». El Señor fue cruficicado a las 9:00 a.m. de la mañana. Esto indica que toda la madrugada del día viernes, Jesús fue sometido a fuertes e intensos interrogatorios, juicios precipitados, y tuvo que ser movido constantemente de un lugar a otro; sin dejar a un lado la tortura física a la cual fue expuesto.

Por un momento, consideremos las tareas realizadas por el Señor el día jueves: (1) Instruyó a sus discípulos para la comida de la pascua (Mateo 26:17-19). (2) Por la noche (Mateo 26:20) celebró la pascua e instituyó la Santa Cena con sus discípulos (Mateo 26:21-29). (3) El Señor le lavó los pies a los discípulos (Juan 13:2-20). (4) Jesús declaró que Judas era un traidor (Juan 13:21-35). (5) El Señor reveló que los discípulos lo abandonarían (Mateo 26:31-35). (6) El pronunciamiento de un gran discurso (Juan 14 al 16). (7) La oración intercesora (Juan 17). (8) La agonía en el Getsemaní (Mateo 26:36-46). (9) El arresto (Mateo 26:47-56).

El día viernes, en horas de la madrugada, fue sometido a tres juicios judíos: (1) Fue llevado a Anás (Juan 18:12-14, 19-24). (2) Fue transferido a Caifás (Juan 18:24; Mateo 26:57). (3) Fue sometido al sanedrín (Mateo 26:59-68). También experimentó tres juicios romanos o gentiles: (1) Fue llevado a Pilato (Mateo 27:1, 2; Lucas 23:6-12). (2) Luego fue transferido a Herodes (Lucas 23:6-12). (3) Finalmente, fue devuelto a Pilato (Lucas 23:11-25). Las presiones psicológicas, y el ser movido de un lugar a otro produjeron en el Señor un estado extenuado, de fatiga y de cansancio.

Ahora, consideremos la tortura que el Señor experimentó: (1) El arresto (Marcos 14:46). (2) Le escupieron, le dieron bofetadas y golpes (Mateo 26:67). (3) Pilato dio orden de azotarlo (Marcos 15:15). (4) Le pusieron una corona de espinas (Marcos 15:17). (5) Le dieron golpes en la cabeza y le escupieron (Marcos 15:19). (6) Le escarnecieron y le desnudaron, y luego lo vistieron con un manto púrpura (Marcos 15:20). (7) Herodes también lo escarneció (Lucas 23:11). (8) Jesús tuvo que cargar el travesaño o madero horizontal de su cruz (Juan 19:17). (9) Fue crucificado (Juan 19:18).

En resumen, hemos visto que el día jueves fue demasiado atareado para el Señor; la noche la pasó celebrando la pascua y dando discursos; la madrugada del viernes la pasó en profunda oración, y luego experimentó maltratos y abusos físicos y mentales.

Todo esto le causó al Señor el que tuviera que exclamar desde lo más profundo de su infierno humano, «tengo sed». Cuando él exclamó esta palabra, llevaba colgado de la cruz más de tres horas. La muerte de cruz por sí sola, producía sed en el condenado.

II. El cumplimiento de esta necesidad

En Apocalipsis 19:10 leemos: «... Adora a Dios, porque

el testimonio de Jesús es el espíritu de la profecía». No sólo Jesús fue causa de muchas profecías, sino que en él muchas profecías se cumplieron. En el evangelio de San Juan se hacen algunas citaciones a profecías cumplidas en el Calvario. Algunos comentaristas afirman que en el día de la crucifixión se cumplieron de treinta a treinta y tres profecías:

1. «Entonces dijeron entre sí: No la partamos, sino echemos suertes sobre ella, a ver de quién será. *Esto fue para que se cumpliese la Escritura*, que dice: Repartieron entre sí mis vestidos, y sobre mí echaron suertes. Y así lo hicieron los soldados» (Juan 19:24).
2. «Después de esto, sabiendo Jesús que ya todo estaba consumado, dijo: *para que la Escritura se cumpliese*: tengo sed» (Juan 19:28).
3. «Mas cuando llegaron a Jesús, como le vieron muerto, no le quebraron las piernas...» Porque estas cosas sucedieron *para que se cumpliese la Escritura*: «No será quebrado hueso suyo.» *Y también otra Escritura dice*: «Miraron al que traspasaron» (Juan 19:33-37).

Juan, como un estudiante disciplinado y fiel a las Escrituras veterotestamentarias, une en las Escrituras novotestamentarias, la profecía con el cumplimiento. El drama desarrollado en el Calvario era un guión ya preparado con anticipación histórica. La crucifixión no fue un accidente histórico, correspondía a un plan divinamente supervisado. En el calendario eterno, aquel día ya estaba marcado y señalado. A Dios nada lo toma por sorpresa. En su presciencia ya Él tiene conocimiento de todas las cosas. Su providencia es una línea divisoria a todo lo largo de la avenida de la historia. ¿No es esto algo maravilloso?

Esta quinta palabra, «tengo sed», responde al cumplimiento de dos pasajes veterotestamentarios en el libro de los Salmos:

1. «Como un tiesto se secó mi vigor, y mi lengua se pegó a mi paladar, y me has puesto en el polvo de la muerte» (Salmo 22:15).
2. «... Y en mi sed me dieron a beber vinagre» (Salmo 69:21).

Los estudiantes de la Biblia encontramos en los Salmos muchas referencias mesiánicas; y hemos dado a estos la clasificación de Salmos mesiánicos: (1) En el Salmo 2, el Mesías se presenta como un rey ungido por Jehová. (2) En el Salmo 8, se enfatiza la humanidad del Mesías. (3) En el Salmo 16, se anuncia la resurrección del Mesías. (4) En el Salmo 22, se revelan los sufrimientos del Mesías crucificado. (5) En el Salmo 45, se ve al Mesías como esposo y rey eterno. (6) En el Salmo 69, el Mesías es humillado y rechazado. (7) En el Salmo 72, se revela el reinado justo del Mesías. (8) En el Salmo 89, se ve al Mesías como el descendiente al pacto de David. (9) En el Salmo 110, el Mesías se muestra con prerrogativas divinas. (10). En el Salmo 118, se nos presenta al Mesías como la piedra desechada y exaltada. (11) En el Salmo 132, se nos presenta al Mesías como el heredero de David.

De estos Salmos mesiánicos, el Salmo 22 es el más gráfico en presentar al Mesías crucificado: (1) El Mesías es tratado como un «gusano», menos que un ser humano (verso 6). (2) El Mesías es escarnecido (versos 7-8 cf. Mateo 27:39-44). (3) Los enemigos del Mesías se comportan como «toros» y «leones» (versos 12-13); es decir, un comportamiento inhumano. (4) El Mesías suda, «He sido derramado como agua» (verso 14). (5) Los huesos se le salen del lugar, «Y todos mis huesos se descoyuntaron» (verso 14). (6) Tuvo síntomas cardíacos, «Mi corazón fue como cera, derritiéndose en medio de mis entrañas» (verso 14). (7) El Mesías tiene fiebre y sed, «Como un tiesto se secó mi vigor, y mi lengua se pegó a mi paladar» (verso 15). (8) Se sintió agonizar, «Y me has puesto en el polvo de la muerte» (verso 15). (9) El Mesías es crucificado por gentiles, «Porque perros me han rodeado» (verso 16). (10) El Mesías es clavado, «Horadaron mis manos y mis pies» (verso 7). (11) El Mesías es despojado de sus ropas y se juega por las mismas (verso 18 cf. Mateo 27:35; Marcos 15:24; Lucas 23:34; Juan 19:23, 24).

Quisiera añadir aquí, que el Señor no fue clavado por las palmas de las manos y sobre sus pies. Aunque la profecía cita, «Horadaron mis manos y mis pies» (Salmo 22:7); es necesario la semántica judía al emplearse los términos «manos» y «pies». Para los judíos, las manos incluían las muñecas, y los pies incluían los tobillos.

Una prueba arqueológica, de la cual he visto la fotografía de un fósil, se muestra un tobillo atravesado por un clavo. A Jesús se le clavó en las muñecas y en los tobillos. Las manos y los pies por sí solos no podían resistir el peso de un cuerpo. También se le ataban cuerdas alrededor de las axilas y se sostenía el cuerpo con una estaca entre las piernas.

Las cruces eran en forma de (T), de (X) y rara vez en (+). Los maderos verticales ya estaban preparados en el lugar de la ejecución. Al condenado se le obligaba a cargar el travesaño o madero horizontal. Al llegar al lugar señalado se le acostaba en tierra, estando con los brazos amarrados al mismo, y se le metían clavos con una longitud sobre las seis pulgadas en las muñecas. Con la ayuda de sogas se levantaba como a un metro del suelo. Sobre los maderos horizontales habían otros verticales, y así se le clavaba a través de los tobillos al madero ya puesto.

Este proceso de levantamiento, por sí solo, era doloroso. Un escritor primitivo le llamó a esto, «supplicium terriblium». El condenado moría de hambre, sed y calor. Era tan terrible la muerte por crucifixión que sólo se aplicaba a los esclavos, y a los extranjeros, pero no a un ciudadano romano. Por eso

Pablo, que era ciudadano romano por virtud de nacimiento, no pudo ser crucificado, sino decapitado (Hechos 16:37; 22:25; 23:27; 25:16).

La crucifixión en sí misma causó sed fisiológica y biológica en Jesús. Por otra parte, leemos que Pilato, «... habiendo azotado a Jesús, le entregó para ser crucificado» (Mateo 27:26). Según la costumbre romana, la víctima con las manos atadas a la espalda, era amarrada a un poste y allí se le azotaba. El látigo era hecho de un trozo largo de cuero con pedazos de huesos filosos y de plomo, hierro o cobre. Muchos condenados morían mientras eran azotados. Otros perdían su conocimiento y se desmayaban. Por regla general, la carne desgarrada y la pérdida de sangre, producían sobre los azotados una fiebre delirante y una sed incontrolable. La declaración de Pablo en 2 de Corintios 11:24, no debe ser base exegética para establecerse que Jesús fue azotado treinta y nueve veces. Allí leemos: «De los judíos cinco veces he recibido cuarenta azotes menos uno». Según la ley judía no se podía dar más de cuarenta azotes (Deuteronomio 25:1-3). Por esa razón los judíos decidieron no dar el azote número cuarenta.

III. La aplicación de esta necesidad

Ante el raudal de pruebas ya expuestas, tenemos que concluir que la sed de Jesús, más que espiritual, más que redentora, más que divina, fue una sed física. Interpretarla de otra manera a expensas de su sentido literal es disfrazar y negar la humanidad del Señor.

¡Cuánto deseó Jesús en aquel momento de necesidad fisiológica, haber bebido agua hasta saciar y mitigar su sed! Su cuerpo temblaba por la fiebre, y su sistema digestivo se desesperaba ante aquella exigencia biológica que su metabolismo humano le comunicaba.

La petición del Señor expresada en su necesidad, «tengo

sed», le ofrece la oportunidad a aquel auditorio que allí lo contemplaba de hacer algo por Él. Por decirlo así, de hacerle un último favor. Su petición no es particular en general. Se necesitaba que algún corazón voluntario fuera movido a cumplir el deseo de Jesús. Alguien que sintiera compasión, que no temiera a la opinión del grupo, ni al qué dirán, que pudiera identificarse con el sufrimiento del Señor Jesús.

La Iglesia de Jesucristo no puede acomodar sus principios ético-cristianos con las demandas políticas, ni cambiar sus valores bibliocéntricos por los valores de una sociedad tergiversada en sus principios religiosos.

Todo cristiano nacido de nuevo, que se ha identificado con el reino de Cristo, que es un verdadero discípulo, levanta su fe contra todo imperio. Los creyentes no doblamos nuestras rodillas ante ninguna estatua, ni ante ningún edicto promulgado por el hombre que se oponga a los intereses de la economía divina.

Mateo declara, «Y al instante, corriendo uno de ellos, tomó una esponja, y la empapó de vinagre, y poniéndola en una caña, le dio a beber» (27:48). Marcos dice, «Y corrió uno, y empapando una esponja en vinagre, y poniéndola en una caña, le dio a beber, diciendo: Dejad, veamos si viene Elías a bajarle». Juan, en vez de «caña», rinde «hisopo» (19:29).

Por la armonía de los evangelios descubrimos que la quinta palabra siguió inmediatamente a la cuarta. Posiblemente, fue un soldado romano, aunque el texto no especifica quién era el que «corriendo», le dio vinagre en una esponja. La palabra griega que traduce «caña» empleada por Mateo y Marcos es «kalamos». La palabra griega empleada por Juan para «hisopo» es «ussopo»; la misma se emplea sólo dos veces en el Nuevo Testamento, en el pasaje ya citado y en Hebreos 9:19 donde leemos: «Porque habiendo anunciado Moisés todos los mandamientos de la ley a todo el pueblo, tomó la sangre de los becerros y de los machos cabríos, con agua, lana escarlata e hisopo, y roció el mismo libro y también a todo el pueblo». El hisopo no es un accidente lingüístico, sino que es un tipo relacionado con el sacrificio de Jesús (léase también Éxodo 12:22, 23).

El vinagre dado al Señor era un vino agrio diluido con agua. En Palestina y en el Medio Oriente era una bebida popular. La palabra «dejad» registrada en Marcos 15:36, parece sugerir que el soldado romano trató de ser impedido en su cometido. Es probable que algún día cuando el telón de la eternidad sea levantado para nosotros, sepamos qué le sucedió a aquel soldado romano, si como resultado de aquella acción se convirtió o no. Pero su valentía y su generoso acto será siempre admirado en el camino de la historia.

Además, aunque Jesús tuvo una sed literal y física, no por eso dejó de seguir teniendo la sed espiritual que le caracterizó en su itinerario terrenal.

A la mujer samaritana, que lo encontró a las doce del mediodía sentado junto al pozo histórico de Jacob, le declaró: «Si conocieras el don de Dios, y quién es el que te dice: Dame de beber; tú le pedirías, y él te daría agua viva» (Juan 4:10). Después de un diálogo, finalmente, la samaritana dice: «Señor, dame ese agua, para que no tenga yo sed, ni venga aquí a sacarla» (Juan 4:15). Hasta ese momento, la samaritana es humanista y racionalista en la interpretación de las palabras del Señor. En su búsqueda religiosa llega a la conclusión: «Señor, me parece que tú eres profeta» (Juan 4:19). De ese descubrimiento religioso da un paso que la lleva a descubrir en Jesús al Cristo: «Sé que ha de venir el Mesías, llamado el Cristo; cuando él venga nos declarará todas las cosas» (Juan 4:25). Es entonces, cuando en las palabras del Señor, ella comienza a beber del agua espiritual: «Yo soy, el que habla contigo» (Juan 4:26).

La sed espiritual del Señor es por los perdidos; por aquellos que lo conocen religiosamente, históricamente, tradicionalmente; pero no lo conocen espiritualmente. El mundo está embriagado de tradiciones religiosas, pero necesita estar ebrio con la revelación completa de Jesucristo. Por este mundo que es un ermitaño espiritual, Jesús tiene sed.

La sed espiritual del Señor es por los que en el ejercicio de un humanismo intelectual, han perdido de vista al Jesús verdadero y redentor, en el laboratorio del ateísmo práctico, del comunismo enemigo de Dios y del egocentrismo motivado por el materialismo.

La sed espiritual del Señor es por los creyentes que juegan a la iglesia, que son llaneros solitarios en las llanuras de una espiritualidad desértica, que han adulterado la gracia con el legalismo, y el cristianismo con un fariseísmo religioso.

El apóstol Pablo le escribió a la iglesia de Galacia para refrenarle contra la mezcla de la ley y la gracia que había producido un evangelio distorsionado:

1. «Estoy maravillado de que tan pronto os hayáis alejado del que os llamó por la gracia de Cristo, para seguir *un evangelio diferente*» (Gálatas 1:6).

2. «Mas si aun nosotros, o un ángel del cielo, os anunciare *otro evangelio diferente* del que os hemos anunciado, sea anatema» (Gálatas 1:8).

3. «Como antes hemos dicho, también ahora lo repito: Si alguno os predica *diferente evangelio* del que habéis recibido, sea anatema» (Gálatas 1:9).

El verdadero cristianismo nunca toma extremos en su postura dogmática. Un ejemplo de un equilibrio religioso lo ilustra el capítulo 6 del libro de Daniel. Allí, en los días del rey Darío, bajo la influencia de los magistrados, sátrapas, príncipes, capitanes y gobernadores, el referido monarca firmó un edicto. Él mismo estipulaba que el rey tomaría el lugar de Dios por treinta días. Por tal razón, nadie podía orar a ningún otro dios. Esto incluía al Dios de Daniel, al cual él le oraba tres veces diarias. La costumbre del anciano profeta era orar con sus ventanas abiertas. Si Daniel hubiera asumido un extremo liberal, se salía a la calle y a vista de todos los transeúntes se ponía a orar. Haciendo esto, manifestaría un espíritu de fanatismo religioso.

En el otro extremo, Daniel podía haber cerrado las ventanas de su habitación. En este caso, nadie lo hubiera podido acusar. Si así lo hubiera hecho, su testimonio no habría tenido ninguna efectividad.

Daniel fue templado en su postura dogmática; oró como siempre había orado, con sus ventanas abiertas. Su adoración fue equilibrada. No oró como un exhibicionista. No oró como alguien atemorizado. Oró como un siervo de Dios.

Hay congregaciones en nuestros días que se mueven en uno u otro extremo. Muchos ministros predican un evangelio cultural, tradicionalista, personal, farisaico, superticioso, de atavíos, de experiencias, de frustraciones, de encadenamientos eclesiásticos, etc. Este tipo de evangelio produce fariseos cristianos. La hipocresía se convierte en una careta espiritual. Se le teme más a lo que el hombre puede ver, que a lo que Dios realmente está viendo.

Otros ministros predican un evangelio de una gracia muy elástica para que los creyentes no sean atraídos y tentados por el mundo. Se invita al creyente a participar «moderadamente» de muchas de las «algarrobas» que este mundo ofrece. El creyente coexiste con el mundo, pero no puede convivir con éste. Estamos en el mundo, pero no somos del mundo. Nuestra misión es ganar el mundo para Cristo, y no que el mundo nos gane a nosotros.

Por otra parte, la sed del Señor tiene una dimensión social. En Mateo 25:35-40, leemos:

«Porque tuve hambre, y me disteis de comer;
tuve sed, y me disteis de beber; fui forastero,
y me recogisteis; estuve desnudo, y me cubristeis;
enfermo, y me visitasteis; en la cárcel, y vinisteis
a mí.» Entonces los justos le responderán diciendo:
«¿Señor, cuándo te vimos hambriento, y te

sustentamos, o sediento, y te dimos de beber?
¿Y cuándo te vimos forastero, y te recogimos, o
desnudo, y te cubrimos? ¿O cuándo te vimos
enfermo, o en la cárcel, y vinimos a ti?» Y respon-
diendo el Rey, les dirá: «De cierto os digo que
en cuanto lo hicisteis a uno de estos mis hermanos
más pequeños, a mí lo hicisteis».

En este interesante pasaje se nos presenta una situación
social, con un grupo minoritario y necesitado. Una
generación no privilegiada, marginada y en un ostracismo
social, aquí se descubre. Deseo hacer una consideración a
cada uno de estos grupos aquí mencionados:

1. *Los hambrientos.* El hambre continúa siendo un
problema ecológico, antropológico, sociológico, en un mundo que ha conquistado la tecnología y que se ejercita en la
era de la computadora. La hambruna experimentada en
Etiopía que ha tomado el foco de la atención internacional,
es un ejemplo triste de lo que está ocurriendo a muchos seres
humanos en naciones olvidadas. La opulencia, la productivi-
dad y la economía capitalista han producido una glaucoma
social para no ver a nuestro prójimo en necesidad. Mientras
haya hambre en el mundo, la Iglesia no se puede cruzar de
brazos para contemplarse a sí misma en su programa
litúrgico.

Hace algunos días contemplaba un documental del
hambre que está azotando a Etiopía. El corresponsal mostró
una filmación de algunos segundos, donde se podía ver a
través del tubo de la televisión, la crema política de Etiopía
viajando sobre lujosos Mercedes Benz y Volvos. Algunos de
estos automóviles o coches estaban estacionados. ¿Qué
quiere decir esto? Simplemente que mientras unos mueren
desnutridos, otros se están dando la buena vida. Pero a pesar
de esto, la Iglesia tiene una misión social de dar pan al
hambriento.

En la India son muchos los seres humanos que mueren diariamente por la falta de alimento. Lo irónico es que allí no se matan las ratas, las cuales consumen un gran porcentaje del sembrado del trigo. En este país tampoco se comen las vacas y otros animales comestibles. Su religiosidad, pone a los seres humanos por debajo de los animales. Sin embargo, esto no es excusa para que la Iglesia ignore la necesidad que tienen éstos, nuestros hermanos.

2. *Los sedientos.* En Mateo 5:6 el Señor dice: «Bienaventurados los que tienen hambre y sed de justicia, porque ellos serán saciados». Los sedientos son aquellos seres humanos víctimas del racismo, el prejuicio, la discriminación y la explotación social en todas sus ramificaciones sociales.

Un ejemplo de esto son los negros americanos o afroamericanos en Norteamérica, por casi cuatro siglos estos tenían una sed social de justicia, para que sus derechos humanos y civiles fueran respetados. En los días de Abraham Lincoln, con la emancipación de los esclavos, la sed de estos seres humanos comenzó a mitigarse. Pero cien años después, la sed de justicia e igualdad social continuaba entre nuestros hermanos afroamericanos.

No fue hasta que la atención pública tuvo que poner sus ojos en la figura de un ministro bautista, con una buena formación académica, que mediante huelgas y demostraciones pacifistas proclamó un mensaje de justicia social, que la conciencia mundial comenzó a despertarse. Considero que el Premio Nobel de la Paz, que se le confirió al Dr. King, a la edad de treinta y cinco años, siendo éste la persona más joven en recibir dicho reconocimiento, fue la aceptación mundial que este profeta del siglo XX defendía.

Los profetas bíblicos siempre proclamaron un mensaje de justicia social. Defendieron la causa de los pobres. Confrontaron la idolatría de la nación. Fueron severamente perseguidos. Se opusieron a los pecados cometidos por los monarcas.

Su ministerio se caracterizó por la extravagancia. Ante la opinión pública eran extraños en la manera de ministrar. No buscaban por la popularidad, su misión era concienciar a las masas, y llamar a la nación a un arrepentimiento general hacia Dios.

En nuestro días, considero que en nuestro pueblo puertorriqueño tenemos a un profeta en la proclamación del evangelio. Este profeta, y no niego que haya muchos más, es el hermano Jorge Raske. Sus predicaciones están saturadas por un contenido social-bíblico. El compañero Raske predica el evangelio completo, uniendo lo social con lo espiritual. El evangelio que él predica lo ilustra con la acción social. Por ejemplo, hace algunos años fue personalmente a la República de El Salvador, donde predicó el evangelio y llevó alimentos a muchos damnificados, repartiéndolos personalmente.

Nuestro hermano Jimmy Swaggart es otro ejemplo de la función profética. En sus predicaciones él confronta las injusticias políticas, el aborto, el humanismo, etc. Como complemento a su ministerio levanta escuelas, orfanatos, clínicas de salud, en muchas partes del mundo.

Hoy en día, se necesita con urgencia que se levanten de las reservas clericales, ministros y laicos con un mensaje de justicia social. Ministros que puedan realizar exorcismos sociales en las estructuras existentes y echar fuera los «principados y potestades» que están posesionando muchas de nuestras instituciones.

Deseo ser claro y específico, bajo ningún concepto estoy haciendo un llamado a la Iglesia o a los ministros, a que abandonen la agenda de ganar a un mundo para Cristo o de predicar en toda su pureza el evangelio completo. No creo que la tarea de un ministro sea politicar. Tampoco los ministros deben abandonar los púlpitos para dedicarse a tareas políticas. Al hambriento y al sediento hay que darle el pan y el agua social, pero conjuntamente se le tiene que ofrecer el «pan de vida» y el «agua de vida».

Nuestras plataformas no deben ser ocupadas por líderes

políticos corruptos, mentirosos, asalariados, narcisistas y rodeados por una neblina de inmoralidad. Los políticos han visto en la Iglesia un gigante dormido. Por lo tanto, ahora están buscando el apoyo de ésta en sus campañas electorales. La Iglesia no debe respaldar a ningún líder político porque sea demócrata o republicano, popular o estadista, etc. Se deben respaldar aquellos que cualifican intelectualmente y están a favor de los principios y valores que la Iglesia apoya. Cada ministro debe concienciar a su gente para que vote. La Iglesia tiene un poder en las urnas electorales, el voto de los cristianos, los nacidos de nuevo, en el futuro podrá determinar quiénes estarán en poder.

3. *El forastero*. Quisiera substituir la palabra «forastero» por «indocumentado». Al reflexionar en este término, quiero pensar en aquellas personas que, por motivos políticos y económicos, arriban a las costas de esta nación, los Estados Unidos, y otras naciones desarrolladas del mundo.

Los ministros deben prepararse para ayudar a este prójimo que puede llegar a las puertas del templo. Muchas veces necesitan que se les ayude a buscar trabajo y orientación. Esto forma parte de la agenda bíblica-social de la Iglesia.

En Génesis 4:9 leemos: «Y Jehová dijo a Caín: ¿Dónde está Abel tu hermano? Y él respondió: No sé. ¿Soy yo acaso guarda de mi hermano?» Dios ha hecho de cada uno de nosotros un «guarda de mi hermano». Las personas indocumentadas son nuestros hermanos. Tenemos que orar por ellos, ayudarles a encontrar a Cristo como Salvador, extenderle una mano amiga, y ver en ellos a nuestro prójimo. La mayoría de ellos son explotados económicamente, sufren de una paranoia mental, están separados de sus familiares, no pueden gozar de los privilegios que la sociedad otorga.

4. *El enfermo*. Nuestra sociedad está compuesta por seres que están enfermos físicamente, emocionalmente y socialmente. Hay que orar y ministrar a los enfermos físicos, pero

no podemos descuidar a los enfermos emocionales y sociales. La Iglesia tiene que desarrollar programas comunales que respondan a una sociedad enferma.

Tristemente, la Iglesia, hoy día, convoca campañas para la sanidad divina, pero no hace campañas para la sanidad social. No se protesta públicamente en contra de la pornografía, del aborto, de los maltratos policíacos, de las condiciones insalubres en muchos lugares, de las malas condiciones en muchas instituciones penales, de la educación deficiente que muchas veces se les está impartiendo a nuestros hijos.

5. *El preso.* Hay diferentes clases de presos: los que cumplen condena por crímenes en contra del prójimo, los que están presos por su ideología política, los que son víctimas de persecuciones religiosas, los que están injustamente acusados. La Iglesia tiene un ministerio para los presos, lo que no puede hacer el sistema penal en el corazón humano, lo puede realizar la proclamación del evangelio. La Iglesia tampoco se puede olvidar de sus presos, los que, por causa del evangelio, han sido desarraigados socialmente. Por ellos debemos orar y a favor de ellos interceder.

Así como Jesús tuvo una misión histórica concreta que cumplir, la Iglesia no se puede detener en ninguna esquina de la historia a echar una siesta litúrgica. La hora de levantarse le ha llegado a la Iglesia. Nuestra influencia como creyentes tiene que dejarse sentir en todo rincón de la sociedad. Hay que empuñar las armas del evangelio y salir en campaña contra las fortalezas enemigas.

La sed social de Jesús se deja sentir en el cuerpo místico que es la Iglesia. Esa sed no la mitigaremos llenos de nostalgia, en un estado de inercia religiosa, o como ha dicho el escritor Pedro Wagner en «huelga social».

6

LA PALABRA DE CUMPLIMIENTO

«Cuando Jesús hubo tomado el vinagre, dijo: Consumado es. Y habiendo inclinado la cabeza, entregó el espíritu» (Juan 19:30).

El evangelio de Juan es el único que descuella sobre los otros evangelios en la citación de esta sexta palabra. La razón es obvia, el apóstol fue un testigo visual y oyente del drama desarrollado en el Calvario. Él estuvo al pie de la cruz durante el suplicio de Jesús. Por lo tanto, no pudo borrar de su memoria las palabras: «Tengo sed» y «Consumado es».

En el original griego del cual se traduce esta sexta palabra, se rinde «tetelestai», la cual procede de una raíz griega «telos» que encierra las ideas de «fin» (Mateo 10:22; 26:58; Lucas 1:33); «perfecto» (Mateo 5:48; Efesios 4:13; Filipenses 3:15); «acabada» (Lucas 2:43); «cumpliese» (Juan 5:36); «acabar» (Mateo 7:28; 19:1). La palabra «tetelestai» habla de un cumplimiento, de un fin, de algo perfecto, de un todo acabado, de algo ya consumado.

El ministerio de Jesús correspondió a un itinerario ya trazado desde el calendario de la eternidad. Nada ocurrió en el ministerio del Señor por azar; todo a su favor había sido calculado por el Padre; y todo en contra de él se movía en una línea de permiso divino.

Hace algún tiempo les decía a mis alumnos, en el curso de Teología Pastoral, que el plan de la redención es como un gran rompecabezas. Todas las piezas estaban separadas, pero a medida que Dios las fue poniendo en su lugar, lo que parecía algo ininteligible, se convirtió en un plan divinamente ordenado.

Para cualquier mentalidad ebria del humanismo, el ministerio terrenal de Jesús terminó en una derrota histórica. Tal parece que la historia le fue desfavorable; y que su momento histórico no era el propicio. Sin embargo, como dice el Dr. Cecilio Arrastía, un antiguo profesor mío, «Jesucristo es la esquina de la historia donde Dios tiene una cita con el hombre» (*La predicación, el predicador, y la Iglesia*, CELEP, 1983, página 31). Por decirlo así, Jesús hace la historia y es la historia; aún más, él dividió la historia con su nacimiento en A.C. y D.C. Como alguien dijo ya: «Los tres eventos más grandes de la historia son el nacimiento de Jesús, la muerte de Jesús y la resurrección de Jesús».

Esta sexta palabra es una revelación divina de que aún el Calvario formaba parte del plan perfecto para la humanidad, que ya había nacido en la mente infinita y eterna del Dios-Creador. Todo lo planificado por Dios se cumplió al pie de la letra. Las «jotas» y las «tildes» de la ley en Jesucristo se cumplieron (Mateo 5:17-18).

Esta expresión, «Consumado es», es como una claraboya que flota sobre la inmensidad y profundidad del océano de la revelación de Dios. Con supuesta razón el lenguaje apocalíptico emplea las palabras: «Yo soy el Alfa y la Omega, el primero y el último» (Apocalipsis 1:11). «... el principio y el fin...» (Apocalipsis 21:6).

En el lenguaje paulino se nos dice: «Él es la imagen del Dios invisible, el primogénito de toda creación... todo fue creado por medio de él y para él. Y él es antes de todas las cosas, todas las cosas en él subsisten» (Colosenses 1:15-17).

Jesús es principio y fin, primero y último, causa y efecto, antes y después de todas las cosas, es A y Z. Por eso Él puede decir, «Consumado es». Todo en Él se consumó, y lo que aun para nosotros no es, en Él ya fue. ¡No es esto maravilloso!

Deseo entrar en la consideración de esta sexta palabra. Como cualquier amante de la homilética, le invito a que usted considere conmigo tres puntos: Primero, un cumplimiento tipológico. Segundo, un cumplimiento profético. Tercero, un cumplimiento soteriológico.

I. Un cumplimiento tipológico

El tipo es una revelación divina que se registra en el Antiguo Testamento. Un tipo puede ser una persona, un evento, un objeto, una institución o una ceremonia que ilustra alguna persona, cosa o evento registrado en el Nuevo Testamento.

Un estudio cristológico del Jesús del Nuevo Testamento, demostrará la revelación en tipos que de él se da en el Antiguo Testamento. Un antitipo es el cumplimiento a un tipo. Por lo tanto, Jesús es el antitipo de los tipos veterotestamentarios.

Los tipos sobre Jesús en el Antiguo Testamento son múltiples: (1) Las túnicas de pieles con las cuales Dios vistió a Adán y Eva son tipo de la justicia de Cristo (Génesis 3:21). (2) El sacrificio de ovejas traído a Jehová por Abel es un tipo de Cristo (Génesis 4:4). (3) El arca diluviana es tipo de Cristo, en cuya persona hay refugio y salvación. (4) El sacrificio que Abraham iba a hacer con su hijo Isaac, es un tipo cuádruple: (a) Isaac es el tipo de Cristo. (b) Abraham es tipo del Padre. (c) El carnero es tipo de Cristo, el substituto del ser humano. (d) La liberación de Isaac es tipo de la resurrección.

Aunque el patriarca José no es un tipo de Jesús, el mismo presenta ciertas analogías con éste: (1) Amado por el padre. (2) Odiado por los hermanos. (3) Vendido por los hermanos. (4) Encarcelado en Egipto. (5) Prosperado en Egipto. (6) Desconocido por sus hermanos en la primera visita a Egipto.

(7) Revelado a sus hermanos en la segunda visita. (8) Reunido con sus hermanos y con su padre.

Al aplicar esto a Cristo veremos: (1) El Padre eterno siempre lo amó. (2) Sus hermanos los judíos lo odiaban. (3) Judas, un judío, lo vendió. (4) En el sepulcro estuvo aprisionado. (5) En la resurrección el Padre lo prosperó. (6) En su primera venida como siervo, el pueblo judío no lo reconoció. (7) En su segundo advenimiento, el pueblo judío lo reconocerá como el Mesías. (8) En el milenio y en la eternidad se reunirá con todos los creyentes, incluyendo a los judíos que crean en Él.

En toda la tipología veterotestamentaria la más rica en detalles cristológicos se encierra en el tabernáculo. Aunque la brevedad de este tratado no me permite entrar en detalles minuciosos, presentaré los tipos del tabernáculo y su aplicación (Éxodo 25-28).

En *primer lugar* consideraré los materiales: (1) El oro es tipo de la divinidad del Señor. (2) La plata es tipo de la redención. (3) El cobre es tipo de su juicio divino. (4) El color azul es tipo de su descenso del cielo. (5) El color púrpura es tipo de su realeza divina. (6) El lino fino es tipo de la justicia que Cristo imputa al creyente. (7) El color carmesí es tipo de la sangre de Cristo. (8) El pelo de cabras es tipo del ministerio profético del Señor. (9) Las pieles de carnero teñidas de rojo son tipo de la sumisión y muerte de Jesús. (10) Las pieles de tejones son tipo de la separación y honor que Jesús daba al Padre. (11) La madera de acacia es tipo de la humanidad de Jesús y de su linaje en la carne. (12) El aceite para el alumbrado es tipo de Jesús como el Ungido. (13) Las especias para el aceite de la unción es un tipo de la presencia divina en el Señor. (14) Las piedras de ónice y de engaste son tipo de los escogidos por Cristo.

En *segundo lugar*, consideremos la estructura del tabernáculo. La misma estaba cubierta de cortinas: (1) Las cortinas de lino torcido son tipo, con sus colores, de la santidad completa del Señor, su procedencia, encarnación y sacrificio

(Éxodo 26:1-6). (2) Las cortinas de pelo de cabras no mostraban ningún atractivo particular y son tipo de la apariencia ordinaria del Señor (Éxodo 26:7-13). (3) La cubierta de pieles de carneros teñidas de rojo son tipo de la consagración perfecta y completa del Señor (Éxodo 26:14). (4) La cubierta de pieles de tejones son tipo de la encarnación de Cristo (Éxodo 26:14).

En *tercer lugar*, consideremos las cinco columnas a la entrada del tabernáculo (Éxodo 26:36, 37): (1) Eran de madera de acacia cubiertas de oro, con capiteles de oro y bases de bronce. Son tipo de la humanidad, divinidad y carácter juicioso de Cristo, en cuanto a materiales. El número cinco es tipo de sus cinco ministerios: profeta, maestro, sacerdote, abogado y rey. (2) La cortina azul, púrpura, carmesí y de lino torcido que estaba suspendida sobre las cinco columnas es tipo de la obra completa de Cristo.

En *cuarto lugar*, las paredes del tabernáculo (Éxodo 26:15-25): (1) Cada pared lateral tenía veinte tablas del mismo material. Son tipo de lo divino y humano en Jesucristo. (2) Cada tabla tenía dos basas de plata debajo. Son tipo de la salvación del alma y de la salvación del cuerpo adquiridas en la redención de Cristo.

En *quinto lugar*, las barras exteriores eran cinco para cada lado (Éxodo 26:26-27): (1) Eran de madera de acacia y unían a las paredes del tabernáculo. Son tipo del ministerio dado por Cristo a la Iglesia (Efesios 4:11-16) para perfeccionamiento y edificación de la misma. (2) Estas barras también son tipo de los múltiples dones y ministerios que hay en la Iglesia.

En *sexto lugar*, el velo interior en el tabernáculo (Éxodo 26:31-33): (1) Ese velo era de azul, púrpura, carmesí y lino torcido, tipo de Cristo. (2) Además dividía el lugar santo del santísimo. Es un tipo de que el ser humano no podía acercarse a Dios por las obras de la ley. Ese velo es tipo de Cristo por medio del cual hay libre acceso a la presencia divina.

En *séptimo lugar*, el mueblario dentro del tabernáculo: (1)

El arca estaba en el lugar santísimo (Éxodo 25:10-22). Es tipo del pacto mejor efectuado en la persona de Cristo. (2) El candelero de oro estaba localizado en el lugar santo (Éxodo 25:31-39). Es tipo de la luz verdadera manifestada por Jesús, mediante la verdad que Él proclamó. (3) La mesa de los panes de la propiciación estaba en el lugar santo (Éxodo 25:23-30). Es tipo de la gracia de Jesús que es una garantía a los creyentes. El pan de la propiciación es tipo de Cristo el Pan de la Vida. (4) El altar del incienso estaba en el lugar santo (Éxodo 30:1-10). Es tipo de Cristo en su obra intercesora. El incienso es tipo de la oración.

En *octavo lugar*, el lavacro y el altar de bronce en el atrio (Éxodo 27:1-8; 30-18): (1) El altar de bronce es tipo de la cruz y señala la muerte expiatoria de Cristo. (2) El lavacro de bronce es tipo de la obra purificadora de Cristo.

Es tanto lo que descubrimos y aprendemos de la tipología en el tabernáculo, que hubiera deseado ser más específico en esta exposición. Pero para eso, necesitaría trabajar en un libro especial. Pero, de algo podemos estar seguros y es que las palabras del Señor, «Consumado es», son una afirmación de la revelación tipológica.

II. Un cumplimiento profético

Son muchas las profecías que se cumplieron en el ministerio terrenal del Señor, pero más significativo aún es que un solo día, el de la crucifixión, tuvieron su vórtice unas treinta a treinta tres profecías. Entre las profecías cumplidas tenemos a Génesis 3:15; el Salmo 22; el Salmo 69; el Salmo 118; Isaías 53. A todo lo largo del Antiguo Testamento las profecías mesiánicas son luces que alumbran el camino de la salvación.

Las profecías mesiánicas señalaban la descendencia de Cristo; la fecha de su aparición; el lugar de su nacimiento; la virginidad de su madre; su nombre; la traición por uno de sus discípulos; su muerte en la cruz; sus manos traspasadas por los clavos; su sufrimiento y humillación; las injurias experimentadas; la calumnia de sus enemigos; la etnicidad de sus verdugos; su resurrección; la sepultura.

En el ministerio de Jesús no encontramos casualidades o coincidencias, sino un cumplimiento profético calculado en la voluntad divina. En Juan 19:28 leemos: «para que la Escritura se cumpliese». La expresión «se cumpliese» procede del griego «teleioo». En ese mismo versículo se lee también, «... sabiendo Jesús que ya todo estaba consumado». La palabra «consumado» lee en el griego «teleo». Es decir, todo en la trayectoria al Calvario era un cumplimiento profético.

III. Un cumplimiento soteriológico

La finalidad del ministerio de Cristo era unir en Él a Dios y a la raza humana. En 1 Timoteo 2:5, 6 leemos: «Porque hay un solo Dios, y un solo mediador entre Dios y los hombres, Jesucristo hombre, el cual se dio a sí mismo en rescate por todos, de lo cual se dio testimonio a su debido tiempo».

Una de las figuras bíblicas que más tipifica y simboliza a Cristo es la del cordero:

La experiencia del Éxodo se hizo posible por la sangre del cordero puesta sobre los dinteles de las puertas en las casas hebreas. Cuando el ángel de la muerte vio la sangre, siguió de largo, y no tocó a los primogénitos (léase Éxodo 12:1-28): (1) Ese fue el comienzo de la festividad judía conocida como la Pascua. (2) La muerte de Cristo ocurrió en el mismo momento que el cordero pascual fue sacrificado en Jerusalén.

Del cordero pascual leemos: «El animal será sin defecto, macho de un año; lo tomaréis de las ovejas o de las cabras» (Éxodo 12:5). Dos cosas eran requisitos principales en el cordero: (1) Que fuera sin defecto. En el Señor Jesús no hubo pecado alguno. (2) Que fuera macho de un año. El cordero tenía que ser joven. Jesús era joven cuando murió como el cordero pascual por el mundo.

En el libro del Apocalipsis se asocia a Cristo con el Cordero: (1) Se menciona un cántico del Cordero (15:3). (2) Se menciona la victoria del Cordero contra las fuerzas anticristianas (17:14). (3) Se menciona las bodas del Cordero (19:7). (4) Se menciona las cenas de las bodas del Cordero (19:9). (5) Se menciona la esposa del Cordero (21:9). (6) Se mencionan los apóstoles del Cordero (21:14). (7) Se menciona al Cordero en el santuario celestial (21:22). (8) Se menciona la luz del Cordero (21:23). (9) Se menciona el libro de la vida del Cordero (21:27). (10) Se menciona la presencia del Cordero en la Nueva Jerusalén (22:23).

Algunas aplicaciones que podemos hacer de Jesús como el Cordero soteriológico son:

1. *Fue el Cordero escogido desde la eternidad*: «Sabiendo que fuisteis rescatados... con la sangre preciosa de Cristo, como un Cordero sin mancha y sin contaminación, ya destinado desde antes de la fundación del mundo, pero manifestado en los postreros tiempos por amor de vosotros» (1 Pedro 1:18-20).

2. *Fue el Cordero señalado por Juan el Bautista*: «He aquí el Cordero de Dios, que quita el pecado del mundo» (Juan 1:29).

3. *Fue el Cordero mudo que se dejó llevar al matadero*: «Angustiado él, y afligido, no abrió su boca; como Cordero fue llevado al matadero; y como oveja delante de sus trasquiladores enmudeció, y no abrió su boca» (Isaías 53:7).

4. *Fue el Cordero inmolado*: «... El Cordero que fue inmolado es digno de tomar el poder, las riquezas, la sabiduría, la fortaleza, la honra, la gloria y la alabanza» (Apocalipsis 5:12).

5. *Fue el Cordero de un sacrificio permanente*: «... y en medio de los ancianos, estaba en pie un Cordero como inmolado...» (Apocalipsis 5:6).

Todos los beneficios incluidos y ofrecidos en la salvación se han hecho posibles mediante la muerte expiatoria y vicaria de Cristo. Estos beneficios incluyen: perdón, justificación, reconciliación, posición, sanidad, adopción, intercesión, iluminación, resurrección, glorificación, santificación, propiciación, regeneración, etc.

La muerte de Jesús no fue un acto de violencia humana. No fue un acto de bondad por su parte. No fue una muerte de mártir. Su muerte fue expiatoria y redentora en su carácter: «Por eso me ama el Padre, porque yo pongo mi vida, para volverla a tomar. Nadie me la quita, sino que yo de mí mismo la pongo. Tengo poder para ponerla, y tengo poder para volverla a tomar. Este mandamiento recibí de mi Padre» (Juan 10:17-18).

En Filipenses 2:8 leemos: «Y estando en la condición de hombre, se humilló a sí mismo, haciéndose obediente hasta la muerte, y muerte de cruz». Literalmente, el texto dice: «Como hombre, humillado, y en obediencia llegó a morir en la cruz».

«Consumado es», no son las palabras de un Cristo derrotado, sino de uno que venció.»

«Consumado es», no son las palabras de un fracasado, sino de un vencedor.

«Consumado es», no son las palabras de alguien que muere involuntariamente, sino de uno que está dispuesto a morir voluntariamente.

«Consumado es», no son las palabras de alguien víctima de un accidente histórico, sino de uno que responde a un acto soberano de Dios.

«Consumado es», es un grito de victoria. Es una nota de triunfo. Es una meta alcanzada. Es un fin realizado. Es una cumbre escalada. Es un logro completado.

Cristo consumó todo para la humanidad, ya no hay nada que pueda hacer el ser humano para su propia salvación. Todo lo que se puede hacer es aceptar por fe lo que Cristo hizo en el Calvario, y recibirlo en el corazón. ¿Has recibido a

Cristo como tu Salvador? Si no lo has hecho te invito a que ahí donde estás leyendo, lo hagas ahora mismo, mañana puede ser muy tarde.

7

LA PALABRA DE EXPIACIÓN

«Entonces Jesús, clamando a gran voz, dijo: Padre, en tus manos encomiendo mi espíritu. Y habiendo dicho esto, expiró» (Lucas 23:46).

El evangelista Lucas, médico de profesión, es el único que registra esta séptima palabra. Su experiencia en la medicina, lo lleva a presentar un diagnóstico más preciso del fallecimiento de Jesús.

La armonía en los otros evangelios nos permite hacer una doble comparación con el volumen de la voz y con la muerte del Señor:

1. *El volumen de la voz.* (1) Mateo cita, «Mas Jesús, habiendo otra vez clamado a gran voz...» (27:50). (2) Marcos cita, «Mas Jesús, dando una gran voz...» (15:37). (3) Lucas cita, «Entonces Jesús, clamando a gran voz...» (23:46).
2. *La muerte.* (1) Mateo dice «... entregó el espíritu». (2) Marcos declara, «... expiró». (3) Lucas afirma, «... expiró». (4) Juan repite, «... entregó el espíritu» (19:30).

Juan nos añade un detalle pasado por alto en la narración de los otros evangelistas. El apóstol dice: «Y habiendo inclinado la cabeza, entregó el espíritu» (19:30).

Esta séptima palabra es la tercera oración que desde la plataforma del Calvario, el Señor expresó. En ésta y en la primera se dirigió al Creador como «Padre». Las siete palabras están encerradas en un paréntesis filo-paternal. En la cuarta palabra Él se dirige al Padre llamándolo, «Dios mío, Dios mío».

En esta séptima palabra se nos presenta un cumplimiento profético a la cita del Salmo 31:5. En el mismo leemos: «En tu mano encomiento mi espíritu...» El Señor no citó el pasaje completo. Le añadió el título «Padre». En vez del singular «tu mano» empleo el plural «tus manos». Los niños judíos a temprana edad aprendían muchos pasajes bíblicos, incluyendo salmos. Esta porción bíblica aprendida por el Señor en su infancia, en este momento de expiación le viene a su mente. El creyente debe memorizar porciones de las Sagradas Escrituras. Consideremos esta última palabra bajo tres puntos homiléticos. Primero, *una muerte real*. Segundo, *una muerte voluntaria*. Tercero, *una muerte ejemplar*.

I. Una muerte real

A lo largo de la historia se han formulado un gran número de posibilidades lógicas, con la finalidad de ofrecer una respuesta a la muerte y resurrección de Cristo. Brevemente, deseo presentar algunas de las posibilidades lógicas que pretenden ofrecer una explicación a la muerte de Cristo y el argumento para contrarrestar cada una. La última posibilidad lógica, es la sostenida por los fundamentalistas y el argumento que la apoya.

Posibilidad lógica # 1: El verdadero Jesús nunca fue crucificado, alguien lo substituyó en la cruz.
Argumento: Si el verdadero Jesús no fue crucificado, y alguien lo suplantó, la historia nos ha engañado. Pero, el

mismo registro bíblico demuestra que Judas lo entregó. Los discípulos fueron testigos de su arresto. Anás, Caifás, Pilato y Herodes lo vieron cara a cara. El sanedrín interrogó a Jesús. Juan, la madre de Jesús y otras mujeres lo vieron crucificado. Tantas personas no pudieron ser engañadas por un pseudo-Jesús. Los escritores de los evangelios estaban seguros que el verdadero Jesús murió crucificado y resucitó al tercer día.

Posibilidad lógica # 2: Jesús nunca murió, porque Dios no muere. En el Calvario la apariencia espiritual de Jesús fue la que fue crucificada.

Argumento: Los docetistas negaban la verdadera humanidad del Señor. Hacían de Jesús una simple apariencia humana, por decirlo así, un espíritu con parecido humano. Según ellos, este Jesús cuando caminaba no dejaba huellas. En realidad no comía, ni dormía, ni se cansaba. El registro de los evangelios es más que suficiente para demostrar y hacer una apología cristológica en favor de la verdadera humanidad del Señor.

1. *Tuvo hambre*, «Y después de haber ayunado cuarenta días y cuarenta noches, tuvo hambre» (Mateo 4:2).
2. *Tenía que dormir*, «Y he aquí que se levantó en el mar una tempestad tan grande que las olas cubrían la barca; pero él dormía» (Mateo 8:24).
3. *Se cansaba*, «Y estaba allí el pozo de Jacob. Entonces Jesús, cansado del camino, se sentó así junto al pozo. Era como la hora sexta» (Juan 4:6).
4. *Mostró lágrimas*, «Jesús lloró» (Juan 11:35).
5. *Le lavó los pies a los discípulos*, «Luego puso agua en un lebrillo, y comenzó a lavar los pies de los discípulos, y a enjugarlos con la toalla con que estaba ceñido» (Juan 13:5).

Posibilidad lógica # 3: En el Calvario Jesús disimuló su muerte. Lo que depositaron en el sepulcro fue a un Jesús que parecía muerto, pero estaba vivo.

Argumento: Supongamos que fuera así, que Jesús en el Calvario se hizo pasar por muerto. Entonces el mismo relato bíblico presenta la máxima prueba de su muerte: (1) Un soldado le abrió el costado con una lanza (Juan 19:34). (2) José de Arimatea y Nicodemo envolvieron el cadáver del Señor en lienzos, y le cubrieron la cabeza con un sudario (Juan 19:40; 20:5-7). Con el sudario nada más, Él se hubiera asfixiado.

Posibilidad lógica # 4: La narración que hacen los cuatro evangelios de la muerte de Cristo, no se debe interpretar literalmente sino figurativamente.

Argumento: La misma narración bíblica de la crucifixión demanda una interpretación literal de los hechos narrados. La evidencia bíblica, histórica y eclesiástica, es fuerte en defender la postura de que Cristo murió realmente.

Posibilidad lógica # 5: Jesús murió verdaderamente y realmente.

Argumento: Los evangelios son claros al describir la muerte de Jesús con las expresiones: «entregó el espíritu» (Mateo 27:50; Juan 19:30); «expiró» (Marcos 15:37; Lucas 23:46). La palabra griega que traduce «expiró» es «ekpneo», la cual encierra la idea de «sacar fuera de». La muerte significa separación. En el griego la palabra «muerte» se rinde «thanatos», «anaresis» y «teleute». Cuando leemos que el Señor «entregó el espíritu» o que «expiró», se indica que su alma-espíritu humano y su espíritu eterno (deidad, divinidad) se separaron del cuerpo.

En la muerte física siempre ocurre una separación de los dos componentes antropológicos: el cuerpo (soma, gr.), el alma (psuque, gr.) y el espíritu (pneuma, gr.). El hombre es materia y espíritu, la muerte separa estas dos naturalezas. Por otro lado, la muerte espiritual separa al hombre completo de la comunión con Dios. La muerte eterna separa al no creyente para siempre de la presencia de Dios.

El testimonio bíblico en favor de la muerte verdadera y real de Jesús es abundante:

1. «A éste, entregado por el determinado consejo y anticipado conocimiento de Dios, prendisteis y *matasteis* por manos de inicuos, crucificándole: al cual Dios levantó sueltos *los dolores de la muerte*, por cuanto era imposible que fuese retenido por ella» (Hechos 2:23-24).
2. «Porque si siendo enemigos fuimos reconciliados con Dios *por la muerte* de su Hijo, mucho más, estando reconciliados, seremos salvos por su vida» (Romanos 5:10).
3. «Así, pues, todas las veces que comiere este pan o bebiere esta copa, *la muerte del Señor* anunciáis hasta que él venga» (1 Corintios 11:26).
4. «... ahora os ha reconciliado en su cuerpo de carne, *por medio de la* muerte para presentaros santos y sin mancha e irreprensibles delante de él» (Colosenses 1:22).

El Señor Jesús profetizó la realidad de su muerte en cuatro ocasiones diferentes:

1. «Desde entonces comenzó Jesús a declarar a sus discípulos que le era necesario ir a Jerusalén y padecer mucho de los ancianos, de los principales sacerdotes y de los escribas; *y ser muerto*, y resucitar al tercer día...» (Mateo 16:21-23).
2. «Estando ellos en Galilea, Jesús les dijo: El Hijo del Hombre será entregado en manos de hom-

bres, *y le matarán*; mas al tercer día resucitará. Y ellos se entristecieron en gran manera» (Mateo 17:22-23).

3. «He aquí subimos a Jerusalén, y el Hijo del Hombre será entregado a los principales sacerdotes y a los escribas, *y le condenarán a muerte*; y le entregarán a los gentiles para que le escarnezcan, le azoten, y le crucifiquen; mas al tercer día resucitará» (Mateo 20:18-19).

4. «Cuando hubo acabado Jesús todas estas palabras, dijo a sus discípulos: Sabéis que dentro de dos días se celebra la pascua, y el Hijo del Hombre será *entregado para ser crucificado...*» (Mateo 26:1-5)

II. Una muerte voluntaria

La teología de la muerte de Cristo descansa sobre dos hechos históricos: Por un lado la muerte de Cristo fue un acto deliberadamente establecido en el orden divino. Por el otro lado, la muerte del Señor, fue un acto planificado por los hombres. En algún lugar, recuerdo haber leído estas palabras: «La muerte de Cristo, ha sido el crimen más horrendo de la humanidad». No olvidemos que en Cristo, Dios y el hombre se encuentran, se reconcilian y hacen las paces. En todo el plan soteriológico es Dios quien toma la iniciativa. En la revelación bíblica, encontramos a Dios, creando y formando al hombre. Cuando Adán cae, Dios busca a éste primero. Dios dirigió a Noé en la construcción del arca. Antes de algún juicio divino descender, Dios siempre levanta la voz profética. En Juan 3:16, que es el evangelio en miniatura leemos: «Porque de tal manera amó Dios al mundo, que ha dado a su Hijo unigénito, para que todo aquel que en él cree, no se pierda, mas tenga vida eterna».

El primer paso lo dio Dios amando al mundo. El segundo paso lo dio Dios dando a su Hijo único. El tercer paso lo da el hombre creyendo en Jesús. La salvación es un regalo que está a disposición del que la quiera recibir.

Ahora consideraremos la gran verdad teológica de que Jesús murió voluntariamente para la redención del hombre:

1. «Y como Moisés levantó la serpiente en el desierto, así es necesario que el Hijo del Hombre sea levantado» (Juan 3:14).

En este pasaje el Señor ve su muerte como algo necesario para la salvación de la humanidad. En Juan 3:15 leemos: «para que todo aquel que en él cree, no se pierda, mas tenga vida eterna».

La serpiente es tipo del pecado y la asta es tipo de la cruz de Cristo. En el madero del Calvario Jesús fue levantado para llevar los pecados de la humanidad.

2. «Yo soy el pan vivo que descendió del cielo; si alguno comiere de este pan, vivirá para siempre; y el pan que yo daré es mi carne, la cual daré por la vida del mundo» (Juan 6:51).

El Señor se comparó a sí mismo con un pan que descendió del cielo. Durante los cuarenta años que Israel peregrinaba por el desierto, Dios, milagrosamente, le enviaba maná desde el cielo. El maná es tipo de la encarnación de Cristo y de la vida que Él ofrece. Él invita a los que deseen comer de ese pan que es su carne. Simplemente, Él revela que sólo a través de su muerte el mundo podrá participar de su vida. Es decir, tener derecho a la salvación y comunión eterna.

3. «Yo soy el buen pastor; el buen pastor su vida da por las ovejas» (Juan 10:11).

Aquí Cristo revela la necesidad de que él, como «el buen

pastor», tenía que morir por los perdidos, dando a éstos la oportunidad de recibirlo como el pastor de sus almas. El que recibe al Señor como Pastor, éste lo recibe como oveja.

4. «Desde entonces comenzó Jesús a declarar a sus discípulos que le era necesario ir a Jerusalén y padecer mucho de los ancianos, de los principales sacerdotes y de los escribas; y ser muerto, y resucitar al tercer día» (Mateo 16:21).

En este pasaje el Señor predijo claramente que en Jerusalén padecería en manos de los principales religiosos, moriría y resucitaría. Sabiendo de su muerte, Él la hubiera podido eludir, pero no lo hizo, estaba en su voluntad el morir por el mundo (Mateo 26:42-43).

5. «Por eso me ama el Padre, porque yo pongo mi vida, para volverla a tomar. Nadie me la quita, sino que yo de mí mismo la pongo. Este mandamiento recibí de mi Padre» (Juan 10:17-18).

Éste es el pasaje bíblico donde más claramente se revela la muerte voluntaria de Jesús. Notemos las expresiones: «pongo mi vida»; «nadie me la quita»; «yo de mí mismo la pongo»; «tengo poder para ponerla». La muerte de Jesús fue un acto voluntario de su parte.

En la séptima palabra el Señor declaró: «Padre, en tus manos encomiendo mi espíritu». El momento de su muerte no fue determinado por las circunstancias tejidas en derredor de su vida. La decisión de morir estaba en sus palabras. El diablo y la maldad de los hombres, ni aun en la crucifixión tuvieron potestad sobre la vida de Cristo. El Señor tuvo poder sobre su propia muerte, murió porque quiso morir. En nuestra mentalidad estrecha nos parece que a Jesús lo mataron; pero en las llanuras de la cristología, Jesús dio, puso, entregó y ofreció su vida.

En el Moody Monthly apareció la siguiente ilustración: Un capellán del regimiento estaba hablando a un soldado en un hospital.

«Usted ha perdido un brazo para una gran causa», le dijo el capellán para consolarle.

«No», dijo el soldado con una sonrisa, «no lo perdí, lo di».

De la misma manera Jesús no perdió su vida, la dio. Él nos hace observar claramente que su propósito fue morir para que nosotros pudiéramos ser perdonados e ir con Él al cielo (Samuel Vila, *Enciclopedia de Anécdotas*).

III. Una muerte ejemplar

Jesús le enseñó durante su ministerio al ser humano los secretos de vivir una vida abundante y completa. Por sí solo, su ejemplo y palabras son un modelo de formación moral, social y espiritual. En el Jesús revelado en los evangelios, descubrimos la cúspide de la perfección humana. Lo que en Adán se perdió, en Cristo se recobró. En Adán caímos; en Cristo fuimos levantados. En Adán pecamos, en Cristo somos perdonados. Toda la trayectoria humana del Señor se movía bajo la agenda de enseñarnos a vivir.

No sólo su vida terrenal es una lección de profundas aplicaciones humanas; en su muerte nos ofrece una gran cátedra para que aprendamos a morir con dignidad y valor. En este punto deseo reflexionar sobre la muerte, el último capítulo en la experiencia humana.

Grandes hombres de Dios que ilustran las páginas de las Sagradas Escrituras nos ofrecen en sus propias palabras una definición de lo que era la muerte para ellos.

1. *Dijo Isaac*: «He aquí ya soy viejo, no sé el día de mi muerte» (Génesis 27:2).
2. *Dijo Job*: «Acuérdate que mi vida es un soplo,

y que mis ojos no volverán a ver el bien. Los ojos de los que me ven, no me verán más; fijarás en mí tus ojos, y dejaré de ser. Como la nube se desvanece y se va, así el que desdiende al Seol no subirá; no volverá más a su casa, ni su lugar le conocerá más» (Job 7:7-10).

3. *Dijo David*: «He aquí, diste a mis días término corto, y mi edad es como nada delante de ti; ciertamente es completa vanidad todo hombre que vive» (Salmo 39:5).

4. *Dijo Salomón*: «Todo tiene su tiempo, y todo lo que se quiere debajo del cielo tiene su hora. Tiempo de nacer, y tiempo de morir...» (Eclesiastés 3:1, 2).

5. *Dijo Moisés*: «... Acabamos nuestros años como un pensamiento» (Salmo 90:9).

6. *Dijo Pablo*: «Porque para mí vivir es Cristo, y el morir es ganancia» (Filipenses 1:21).

A lo largo de la historia de la Iglesia muchos siervos y siervas del Señor Jesucristo, dieròn un testimonio de una fe inquebrantable, cuando la sombra de la muerte estaba sobre ellos:

1. *Esteban dijo*: «He aquí, veo los cielos abiertos, y al Hijo del Hombre que está a la diestra de Dios... Señor Jesús, recibe mi espíritu... Señor, no les tomes en cuenta este pecado» (Hechos 7:56, 59, 60).

2. *Santiago, el menor, dijo*: «Señor y Dios Padre, te ruego los perdones, pues no saben lo que hacen» (Eusebio de Cesarea, *Historia Eclesiástica*, Libro II, capítulo 23, Editorial ·Nova, 1950).

3. *Policarpo dijo*: «Padre del unigénito y bendito hijo tuyo Jesucristo, por medio del cual hemos

tenido conocimiento de ti; Dios de los ángeles, de las potestades y de todas las criaturas, y de todos los justos que viven en tu presencia; te bendigo, por haberte dignado conducirme hasta este día y hasta esta hora, para que tome parte en el consorcio de los mártires y en el cáliz de tu Cristo, en la resurrección de la vida eterna tanto del alma como del cuerpo, en la incorrupción del Espíritu Santo. Entre los cuales, te ruego, sea yo recibido hoy en tu presencia como hostia pingüe y acepta, del modo que tú, Dios veraz, la has preparado, cumpliendo las cosas que mostraste de antemano. Por lo cual, por todas las cosas te alabo, te bendigo, te glorifico por medio del pontífice sempiterno Jesucristo, tu Hijo unigénito, por el cual, juntamente con el Espíritu Santo, te sea dada gloria ahora y por los siglos de los siglos. Así sea» (*Historia Eclesiástica*, Libro IV, capítulo 15).

4. *Adam Clarke, a los 84 años, dijo*: «He pasado por la primavera de mi vida, he soportado el calor del verano, he recogido los frutos del otoño e incluso ahora soporto los rigores de su invierno; pero veo no muy lejos de mí, que se acerca una nueva primavera eterna. ¡Aleluya!»

5. *Dwight L. Moody dijo*: «La tierra retrocede, el cielo se abre, Dios me está llamando... He estado ya dentro de las puertas. He visto el rostro de los niños (se refería a la cara de dos nietos que hacía poco habían muerto)... ¿Es esto la muerte? Esto no es malo. No hay tal valle sombrío. Esto es la bienaventuranza; esto es dulce, esto es la gloria... ¡Oh! Emilia, yo no rehúso el vivir. Si Dios quiere que viva, viviré; pero si Dios me llama es preciso que me levante y vaya... Dios me está llamando. No me importunéis para que vuelva. Éste es el

día de mi coronación. Hace tiempo que lo esperaba».

6. *Juan Wesley dijo*: «Lo mejor de todo es que Dios está con nosotros... Lo mejor de todo es que Dios está con nosotros... Adiós».

7. *David Brainerd dijo*: «Fui hecho para la eternidad. Cómo anhelo estar con Dios y postrarme ante Él. ¡Oh, que el Redentor pueda ver el fruto de la aflicción de su alma y quedar satisfecho! ¡Oh, ven Señor Jesús! ¡Ven pronto! ¡Amén!»

8. *Carlos Haddon Spurgeon dijo a su esposa*: «¡Oh querida, he gozado un tiempo muy glorioso con mi Señor!»

La muerte es una experiencia humana ineludible, que sólo el rapto de la Iglesia nos podrá librar. El nacer, el crecer, el madurar y el envejecer son etapas biológicas, psicológicas y fisiológicas del desarrollo humano. La muerte, en unión a estas etapas forma el ciclo de la vida. Desde que nacemos comenzamos a envejecer y nuestras células y tejidos mueren para dar lugar al desarrollo orgánico. En el idioma inglés la expresión, «Tengo treinta y cinco años de edad»; se rinde; «I am thirty five years old». La palabra «old» significa literalmente «viejo».

En Eclesiastés 8:8 leemos: «No hay hombre que tenga potestad sobre el espíritu para retener el espíritu, ni potestad sobre el día de la muerte; y no valen armas en tal guerra, ni la impiedad librará al que la posee». Éste es uno de los pasajes bíblicos, que es favorito mío. Lo he empleado en sinnúmero de funerales, donde he tenido que predicar. El texto es claro: (1) Ningún hombre puede prolongar su vida aunque lo quisiera. (2) Ningún hombre puede eludir el día de su muerte. (3) Una actitud impía no puede negar la realidad de la muerte.

El hombre o la mujer siempre ha tratado de racionalizar la realidad de la muerte. Para eso ha apelado a diferentes mecanismos de defensa psicológicos:

1. *El ser humano puede negar la realidad de la muerte, pero no por eso dejará de morir.* Son muchas las personas que se muestran repulsivas a todo lenguaje y símbolo de la muerte. No les gusta ir a las casas mortuarias, les causan terror. Aún no tienen seguros de vida, porque ven en los mismos un augurio de la muerte. Amado lector, tú y yo tenemos que morir. ¿Por qué negar la realidad de la muerte?

Aunque de nuestro vocabulario tratemos de sacar toda idea de la muerte, la misma la veremos siempre anunciada en derredor nuestro. Un animal muerto nos recuerda que todo lo que tiene vida tiene que morir. Cada funeral nos recuerda de nuestra propia muerte. El negar la muerte es tan ilógico como el tratar de negar la vida.

2. *Otros hacen de la muerte un melodrama.* Esto lo vemos proyectado sobre las pantallas de los televisores. Los comediantes hacen chistes sobre la muerte. El tema de la muerte se trata con mucha jocosidad. Rara es la persona que no se ríe de la muerte. Pero por más que hagamos de la muerte una causa de risa, ésta nos alcanzará. El reírse de la muerte es una manera psicológica de reprimir el temor que acompaña a la misma.

3. *Otros hablan de la muerte de otros, pero no de su propia muerte.* Se ha fijado usted que siempre hablamos de la muerte de «él» o de «ella». Tratamos de la muerte como algo para otros y no algo que nos sucederá a nosotros mismos. Pensamos en que otro puede morir, pero actuamos como si nunca nos tocara morir. Vamos a muchos funerales, pero rara vez pensamos en nuestro propio funeral.

Hacemos planes para comprar una casa; adquirir un nuevo automóvil; cambiar nuestros muebles anticuados por unos modernos; comprar ropa nueva para sustituir la que tenemos; continuamente estamos planificando para mientras vivamos.

Sin embargo, nunca hacemos planes para morir. No pensamos dónde queremos ser enterrados; de qué color deseamos la caja mortuaria; qué nos gustaría que escribieran en la lápida de nosotros; cómo nos gustaría estar vestidos en nuestro funeral; qué tipo de servicio funeral está en nuestro gusto.

4. *La muerte se nos presenta disfrazada.* Hoy en día se pagan cuantiosas cantidades de dinero con el propósito de que la cosmetología funeraria haga lucir a nuestros seres queridos como que no están muertos. Les ponemos espejuelos aunque ya no los necesitan. Los vestimos con toda elegancia para quedarnos con la impresión de que se van a un largo viaje. Se les ponen los dientes postizos si en la vida los usaban, aunque ya no los necesitan para masticar. (Desde luego los dientes postizos son para que la boca no pierda su forma. Los espejuelos son para que se parezca.) Se le pone ropa interior, aunque no tiene propósito sanitario alguno. Se les pone zapatos aunque ya no podrán caminar. La cosmetología física es para que tengamos la impresión de que ese ser querido no está muerto sino que duerme, descansa. Compramos ataúdes costosos, por la garantía de que el cádaver será preservado por muchos años. El director funeral nos da una garantía escrita donde nos certifica que la caja mortuoria estará a prueba de agua, de aire, de los elementos corrosivos de la tierra y que se preservará por algunas décadas.

Lo cierto es que estamos disfrazando la muerte. No quiero que usted tenga la impresión de que me opongo a un buen arreglo funeral; ya que creo firmemente que a un ser querido fallecido, en el funeral se le ofrece el último regalo. Lo que sí quiero dejar claro en su mente es que, por más que disfracemos la muerte, no la podremos negar o esconder.

Por ejemplo, los directores funerales garantizan cajas mortuorias a prueba de agua, de aire y de resistencia a los elementos naturales por veinte, veinticinco, treinta o más años. Al escoger un ataúd con esta clase de garantía, su valor triplica a uno regular. En la mente de los deudos no está tanto la preservación del ataúd mismo, sino la preservación del cadáver. Sin embargo lo cierto es que la garantía del cadáver no puede ser dada por ningún director funeral. La preservación del cadáver se debe a varios factores: (1) La edad del fallecido. (2) La clase de muerte experimentada. (3) La destreza del embalsamador. (4) El proceso de descomposición de los órganos. (5) Las condiciones del terreno donde se enterrará. (6) Las temperaturas predominantes. (7) Finalmente, la calidad de la caja mortuoria.

Los líquidos embalsamadores tienen la finalidad de desinfectar y de demorar la descomposición del cadáver. Por lo tanto el embalsamamiento no tiene la finalidad de preservar a un cadáver indefinidamente. El propósito es prepararlo para la exposición del funeral. A las ocho horas, más o menos, un cadáver comienza a reflejar los efectos de la descomposición, si no se toman las medidas necesarias. Esto incluye la hinchazón, el color morado, el estado tenso del cadáver (rigor mortis) y el olor de la muerte. Algunas de las medidas para contrarrestar por algún tiempo la descomposición son el congelamiento y el embalsamamiento.

Un arreglo funeral incluye lo siguiente: (1) El transferir el cadáver. (2) El embalsamamiento. (3) La preparación del cuarto donde se embalsamará el cadáver. (4) Los arreglos y la supervisión. (5) El ataúd. (6) La casa funeraria o cuarto donde estará el cadáver en capilla ardiente. (7) El libro de registro, las tarjetas religiosas con el nombre del fallecido y la fecha de nacimiento y fallecimiento, y las tarjetas de dar gracias. (8) La transcripción del certificado de defunción. (9) El coche fúnebre que llevará el cadáver al cementerio. (10) Las limosinas que llevarán la familias del fallecido. (11) La tumba. (12) La lápida. (13) Las flores para arrojar en la fosa mientras se baja la caja mortuoria.

El costo de cada funeral varía con las diferentes funerarias, la calidad del ataúd, la tumba, el salón donde será expuesto el cadáver, el estado del cadáver, las limosinas necesitadas, etc.

Por mucho tiempo les he dicho a mis clientes, que traten

de conocer al director funeral más cercano a su domicilio. Que le pidan información sobre los arreglos funerales y el costo. Que visiten el salón donde se tienen expuestos los ataúdes para la venta y que hagan preguntas. Una buema orientación funeraria con anticipación a la muerte de un ser querido o a la muerte nuestra será de gran ayuda cuando la hora siniestra llegue. Por profesión soy agente de seguros de vida y de salud, licenciado por el estado de Nueva York, trabajando con una de las compañías aseguradoras más prestigiosas del mundo como lo es la John Hancock. Mi trabajo secular, combinado con el ministerio cristiano, me permite poder ofrecerle a usted esta orientación.

Ahora, deseo tratar aunque sea a vuelo de pájaro la actitud emocional que experimentan las personas que sufren enfermedades terminantes o fatales. La Dra. Elizabeth Kubler-Ross ha sido pionera en el área de la thanalogía. Al observar a muchos pacientes terminantes, ella descubrió ciertas reacciones básicas y normales empleadas por éstos al enfrentarse a la realidad de la muerte (*On Death and Dying*, Macmillan Publishing Co., Inc., New York, 1979).

1. *La negación y el aislamiento.* Cuando un paciente recibe la noticia acerca de una enfermedad incurable y fatal, su primera reacción es negar la realidad de la misma. Sus expresiones favoritas son: «No puedo ser yo». «El doctor se ha equivocado en su diagnóstico». «He sido confundido con otro paciente». «Yo no puedo creer esto».

No sólo el paciente comienza a luchar con la mala noticia de su muerte inminente, la cual trata de negar racionalmente y emocionalmente, sino que un estado de aislamiento comienza a tomar control de él o ella. El deseo de estar separado de la familia, amigos y otras cosas se hace evidente.

2. *La ira.* En este estado la pregunta «¿Por qué yo?» parece dominar la razón del enfermo. La ira se desplaza contra el personal médico y servicio del hospital. Para el paciente, los médicos y las enfermeras no se interesan en él

o ella, lo tratan mal según lo que opina. Siempre encuentran algo que criticar y alguien de quien quejarse.

En este estado, la familia del paciente sufre mucho por la falta de comprensión expresada por su ser querido. No obstante, no se debe tomar en serio la ira irracional del ser querido enfermo. Dejar de visitarlo lo que hará es prolongar más su tiempo en este estado de ira. Este paciente necesita respeto y comprensión.

3. *La negociación*. El enfermo terminal, por lo general, pasa de un estado de ira a uno de negociación. Ésta puede tomar lugar con Dios, los médicos, el personal del hospital y, particularmente, con los ministros. La persona se vuelve a otros buscando la solución a su problema. La negociación es más común con Dios. El paciente le hace promesas, votos y compromisos a Dios a cambio de su salud o de una prolongación de vida.

4. *La depresión*. En este estado el miedo hacia la muerte se apodera del paciente. Él o ella ha tenido que admitir que tendrá que morir. Pero el pensar en lo que dejará, en lo que perderá, le lleva a sentirse desesperado, triste, melancólico y miserable.

Un enfermo terminante se siente deprimido por muchas razones: la hospitalización, los tediosos tratamientos, la debilidad corporal, la pérdida de peso, la tristeza interna al ver la familia sufrir, el alejamiento de los amigos, los problemas financieros, la pérdida de muchas cosas (el trabajo, el asistir a la iglesia, el viajar, etc.), la institucionalización creada por el hospital.

Este tipo de paciente necesita que lo comprendamos. El contacto físico, tocándole la cabeza, pasándole la mano por el cabello, apretándole suavemente la mano, mirándole a los ojos, poniéndole la mano sobre el hombro, es una buena terapia.

5. *La aceptación*. En este estado el enfermo terminal, muestra una actitud de tolerancia y tranquilidad. Le da la bienvenida a la muerte como algo natural que tiene que

ocurrir. El personal médico y los familiares le pueden ayudar a alcanzar con más prontitud este estado. En este estado la asistencia del ministro es muy eficaz. El paciente desea acercarse más a Dios y que se le hable más del cielo.

Desde luego, estos estados no siempre siguen su orden normal. Hay pacientes que atraviesan los mismos con más prontitud que otros. Algunos de un estado retroceden al otro. Otros hasta el final se mantienen negociando, deprimidos, airados o negando su muerte. Hay pacientes que desde que reciben la noticia de su muerte inminente se resignan y entran inmediatamente al estado de aceptación, aparentemente.

Consideremos que la familia del paciente con una enfermedad fatal, experimenta los mismos estados o reacciones emocionales que éste, aunque no necesariamente concurrentes. Aquí es donde se necesita la ayuda de Dios y la consejería indirecta o directa del ministro.

1. Es saludable, emocionalmente hablando, que el paciente y sus familiares viajen juntos por algunos de estos estados, aunque el estado de ira para ambos sería algo que causaría mucho antagonismo.
2. Hay familiares que persisten en la negociación cuando el enfermo ya alcanzó el estado de aceptación. Esto no es terapéutico para él o ella.
3. Otros persisten en negociar cuando él o ella ya está resignado. Esto puede conducirle a muchas dudas espirituales o incrementarle la depresión.
4. El familiar que, hasta el final, persiste en un estado de ira, contribuye en mantener un estado depresivo en el enfermo.

Antes de poner fin a este tópico sobre la muerte quisiera invitarle a reflexionar sobre su funeral. En Isaías 38:1 leemos: «En aquellos días Ezequías enfermó de muerte. Y vino a él

110

el profeta Isaías, hijo de Amoz, y le dijo: Jehová dice así: Ordena tu casa, porque morirás, y no vivirás».

Aunque en el contexto de este mismo capítulo, encontramos que Dios le añadió a Ezequías quince años después de haber orado, la gran lección de prepararnos para la muerte y de ordenar todo se dibuja en el pasaje ya leído.

A continuación le estaré haciendo algunas preguntas. De serle posible me gustaría invitarle a que se escriba las contestaciones en alguna hoja. Al final verá que este ejercicio le será de gran ayuda personal.

1. ¿Qué piensa usted que es la muerte? ¿Por qué?
2. ¿Ha pensado en morir alguna vez?
3. ¿A quién de su familia afectará más su muerte? ¿Por qué?
4. Si a usted le quedaran meses de vida, ¿qué trataría de hacer o realizar?
5. ¿Qué personas piensa usted que no estarán en su funeral? ¿Por qué?
6. Mencione algunas personas aparte de su familia que estarán en su funeral.
7. ¿Cómo le gustaría estar vestido en su funeral? ¿Por qué?
8. ¿Qué clase de funeral le gustaría tener? ¿Por qué?
9. ¿Si le tocara escoger el predicador para el sermón de elegía, a quién escogería?
10. ¿Qué pasaje bíblico le gustaría que leyeran en su funeral?
11. ¿Qué himno religioso le gustaría que cantaran en su funeral?
12. ¿Le gustaría que le llevaran al templo?
13. ¿Desea muchas flores en el funeral?
14. ¿Qué no desearía usted en su funeral? ¿Por qué?
15. ¿Si usted tuviera la oportunidad de escribir el

mensaje para su lápida, que se leería en la misma?

16. ¿Dónde le gustaría ser enterrado?
17. ¿De qué color le gustaría la caja mortuoria?
18. ¿Si en su funeral alguien dijera algo de usted en tres palabras, cuáles serían éstas?
19. ¿Desea usted que sus seres queridos visiten su tumba después que le entierren?
20. ¿Piensa que su muerte afectará a muchas personas? ¿Por qué?

Espero que reflexione seriamente en las interrogantes ya expuestas. Y que se siente con sus seres queridos y considere las respuestas a las mismas. Esto le dará a ellos una idea de la clase de funeral que usted desearía. De esta manera le ayudará a ellos a tomar una buena decisión cuando el rayo de la muerte pueda azotar. La noticia de la muerte de un ser querido causa un trauma, una mezcla de pensamientos irracionales y un estado emocional de confusión. El hablar sobre la muerte con ellos, mientras estamos con vida les será de gran ayuda cuando el momento de partir nos llegue.

Si algo hemos aprendido del Señor Jesucristo en esta séptima palabra ha sido cómo entender la realidad de la muerte. Le pregunto, ya para terminar: ¿Está usted preparado para la muerte? ¿Si la muerte le sorprende hoy, está seguro de su destino? ¿Aceptará la muerte cuando le llegue la hora, sino lo toma por sorpresa?

Si su respuesta ha sido «sí», yo le felicito. Pero si su contestación ha sido «no», deseo compartir con usted algo. Primero, Jesucristo desea salvarlo y asegurarle la vida eterna. Segundo, para recibir la salvación ofrecida por el Señor, usted necesita arrepentirse de todos sus pecados. No importa cuál haya sido su pecado, el Señor Jesucristo le quiere perdonar. Para Él no hay pecados grandes o pequeños, pecado es pecado. Tercero, después que se arrepienta, pídale al Señor que le lave en su sangre gloriosa y que escriba su nombre en el libro de la vida. Cuarto, hágase miembro de una iglesia donde se predique la sana doctrina, donde se enseñe la Biblia y donde se manifiesten los dones del Espíritu Santo.

EPÍLOGO

«Y he aquí, el velo del templo se rasgó en dos, de arriba abajo; y la tierra tembló, y las rocas se partieron; y se abrieron los sepulcros, y muchos cuerpos de santos que habían dormido se levantaron; y saliendo de los sepulcros, después de la resurrección de él, vinieron a la santa ciudad, y aparecieron a muchos. El centurión, y los que estaban con él guardando a Jesús, visto el terremoto, y las cosas que habían sido hechas, temieron en gran manera, y dijeron: Verdaderamente éste es Hijo de Dios» (Mateo 27:51-54)

El escritor Gordon H. Girod ha considerado los milagros que ocurrieron conjuntamente con la muerte de Cristo como «la octava palabra de la cruz». En sus propias palabras este reconocido autor dice: «¿Cuándo oísteis un sermón acerca de la octava palabra de la cruz? Sin embargo, la «octava palabra» de la cruz no puede ser olvidada como si fuera accidental o de poca importancia, sino al contrario, puede decirse que la «octava palabra de la cruz» transtornó al mundo» (*Palabras y portentos de la cruz*, Editorial CLIE, 1973, página 121).

Este dramático relato de Mateo no debe pasarse por alto al considerarse las siete palabras. El mismo presenta una colección de testimonios a favor de la obra redentora de Cristo en el altar del Calvario. A continuación deseo reflexionar sobre cada uno de esos testimonios o milagros acaecidos.

I. El testimonio del velo

Mateo presenta el primer testimonio: «Y he aquí, el velo del templo se rasgó en dos, de arriba abajo» (27:51). Marcos y Lucas comparten el testimonio dado por Mateo.

El templo judío mantenía muchas de las cosas estructuradas en el tabernáculo. El velo era una de ellas. En el tabernáculo había dos velos: (1) *El velo exterior* (Éxodo 26:36, 37), el cual separaba a la nación de Israel, privándole la entrada al tabernáculo. Este velo daba entrada al lugar santo. Sólo los sacerdotes podían pasar ese velo. (2) *El velo interior* (Éxodo 26:31-35), separaba el lugar santísimo del lugar santo. Sólo el sumo sacerdote lo podía pasar una vez al año al celebrarse el día de la gran expiación.

Este velo en el templo simbolizaba la santidad divina; la separación que el pecado había ocasionado entre Dios y el hombre; la imposibilidad que el hombre tenía para allegarse a Dios directamente; y la necesidad de mediación.

En la tipología bíblica Cristo es «Cordero» y «Sumo Sacerdote». Como sumo sacerdote se hizo un representante y mediador a favor del hombre. Como Cordero se presentó a sí mismo como sacrificio expiatorio. Mediante su sacrificio y su función sacerdotal Él tuvo acceso directo al santuario celestial. Algunos pasajes bíblicos que defienden esta posición son:

1. «... y que penetra hasta dentro del velo, donde Jesús entró por nosotros como precursor, hecho sumo sacerdote para siempre según el orden de Melquisedec» (Hebreos 6:19, 20).
2. «Porque tal sumo sacerdote nos convenía: santo, inocente, sin mancha, apartado de los pecadores, y hecho más sublime que los cielos... ofreciendose a sí mismo» (Hebreos 7:26, 27).
3. «Ministro del santuario, y de aquel verdadero

tabernáculo que levantó el Señor, y no el hombre» (Hebreos 8:2).

4. «Y no por sangre de machos cabríos ni de becerros, sino por su propia sangre, entró una vez para siempre en el Lugar Santísimo, habiendo obtenido eterna redención» (Hebreos 9:12).

El velo rasgado testifica a favor de un sacrificio aceptado; de libre acceso para el hombre ante la presencia divina por medio de Cristo; de una mediación continua y completa (1 Timoteo 2:5).

En la Biblia anotada de Scofield se hace este comentario sobre el velo rasgado: «... el velo fue roto por una mano invisible al morir Cristo en la cruz... Es muy significativo pensar que los sacerdotes deben haber remendado el velo que Dios había roto, pues los servicios del templo continuaron celebrándose por casi cuarenta años. Ese velo remendado representa el error introducido en la iglesia de Galacia; es decir, el esfuerzo de colocar de nuevo al santo o al pecador bajo el sistema de la ley» (Spanish Publications, páginas 98, 99).

Hoy en día, en muchos círculos cristianos se está proclamando «otro evangelio», donde la gracia se trata de diluir con la ley. Se está proclamando un legalismo cristiano. Las obras humanas pretenden reemplazar la obra de gracia gratuita. Es un evangelio cultural y no escritural el que se proclama desde muchos púlpitos. Pero el mensaje del velo rasgado es totalmente ignorado. Ya no somos salvos por obras religiosas sino por gracia, por el sacrificio de Cristo. El hombre no se justifica por lo que hace, sino por lo que ya Jesús hizo por éste en la cruz del Calvario.

Me imagino la reacción del sumo sacerdote cuando entrando al lugar santísimo vio como aquel velo se desgarró. No había explicación lógica alguna. No obstante, con el sacrificio de Cristo, el verdadero Cordero pascual, caducaba y llegaba a su fin el antiguo sistema ceremonial de la ley, y se inauguraba una nueva era de gracia, un nuevo pacto entraba en vigor.

En la institución de la Santa Cena el Señor dijo: «Bebed de ella todos; porque esto es mi sangre del nuevo pacto, que por muchos es derramada para remisión de los pecados» (Mateo 26:27, 28). En Cristo, Dios el Padre comenzó una nueva relación con el hombre.

II. El testimonio del terremoto

Mateo nos declara: «... y la tierra tembló, y las rocas se partieron... visto el terremoto...» (27:51-54). Los demás evangelios omiten esta información. Este terremoto coincidió con la muerte de Cristo. Mediante este milagro geológico Dios contesta a favor de su Hijo.

Pensemos por un momento, y atravesemos el túnel de la historia, dos fenómenos de la naturaleza extraños en su carácter, allí se encuentran. Por un lado, desde las doce del mediodía el Calvario se vio arropado por una sábana de tinieblas. Por otro lado, un terremoto sobrenatural estremeció todo el Calvario y áreas adyacentes.

Consideremos este terremoto: Primero, *tuvo impacto*. Se nos dice, «y las rocas se partieron». Esto indica el efecto del mismo. Segundo, *no arrojó por tierra las tres cruces*. Es decir, la fuerza del terremoto estaba condicionada y limitada. Tercero, *no derrumbó ninguna construcción*. El templo judío no fue afectado por el mismo. Su propósito no era devastador. Cuarto, *no ocasionó ninguna muerte*. El registro de Mateo no menciona a personas heridas o muertas por este sismo. *Quinto, no parece haber tenido un efecto general sobre toda Palestina*. De haber sido así los evangelios le hubieran dado más énfasis.

La conclusión es, entonces, que este terremoto fue un testimonio divino. Por ese medio la voz de Dios habló en el

Calvario. Primero, *en el terremoto Dios manifestó su presencia.* El drama del Calvario estuvo bajo la supervigilancia del Padre. Segundo, *en el terremoto el Padre da por aceptado el sacrificio de Cristo.* Tercero, *en el terremoto la deidad de Cristo como el Hijo de Dios, se verifica.*

Es interesante que en la resurrección del Señor, «hubo un gran terremoto» (Mateo 28:2). En la revelación de Cristo (segunda fase de la segunda venida) cuando retorne a esta tierra a juzgar al anticristo, al falso profeta y a las naciones, habrá un gran terremoto: «Y se afirmarán sus pies en aquel día sobre el monte de los Olivos, que está en frente de Jerusalén al oriente; y el monte de los Olivos se partirá por en medio...» (Zacarías 14:4). Los terremotos en el libro de Apocalipsis se asocian con la soberanía divina (6:12; 11:13; 16:18-20).

III. El testimonio de los santos resucitados

Sólo el evangelio de Mateo cita estas palabras: «y se abrieron los sepulcros, y muchos cuerpos de santos que habían dormido se levantaron; y saliendo de los sepulcros, después de la resurrección de él, vinieron a la santa ciudad, y se aparecieron a muchos» (27:52, 53).

Pienso que los sepulcros, que antiguamente se labraban en las rocas, se abrieron cuando las rocas se partieron por el terremoto. Notemos que no fueron todos los sepulcros, sino donde estaban los «cuerpos de santos». El hecho de que Mateo afirme, «y muchos cuerpos de santos», me hace suponer que los resucitados fueron creyentes que no llevaban mucho tiempo sepultados. Sus cuerpos estaban todavía en un estado de descomposición como tenemos el ejemplo de Lázaro (Juan 11:39). Dijo Marta de su hermano Lázaro, «Señor, hiede ya, porque es de cuatro días». Las palabras «hiede ya» se rinden en otras versiones bíblicas: «ahora su cuerpo huele mal» (El Testamento Nueva Vida, paráfrasis); «ya se percibe el mal olor» (El Nuevo Testamento - nueva versión internacional).

El milagro realizado en ellos fue una restauración a la vida, con un cuerpo mortal, y no una resurrección con un cuerpo inmortal o glorificado. Ellos resucitaron para volver a morir.

¿Cuándo resucitaron ellos? El registro de Mateo lo declara, «y saliendo de los sepulcros, después de la resurrección de él». Aunque sus sepulcros fueron abiertos, el día viernes, su resurrección no se realizó hasta después que el Señor resucitó en la mañana del día domingo. Ellos no son las primicias de la resurrección sino Cristo (1 Corintios 15:20).

En la Biblia anotada de Scofield se presenta el siguiente comentario a estos santos resucitados: «No se dice que estas personas que resucitaron volvieron a sus tumbas y quizá no deba inferirse que lo hicieron... La inferencia es que estos santos, juntamente con los «espíritus de los justos hechos perfectos» (Hebreos 12:23), partieron del paraíso al cielo con Jesús (Efesios 4:8-10)» (Spanish Publications, página 1002).

No comparto la opinión de la Biblia anotada de Scofield. Según el comentario ya citado se hacen las siguientes formulaciones: (1) Los santos que resucitaron no volvieron a sus tumbas. (2) Estos santos partieron hacia el paraíso.

Estos «santos» resucitaron y fueron a Jerusalén dejándose ver por muchas personas. No hay evidencia de que hablaran oralmente con nadie. El propósito del milagro de resurrección en ellos fue, «y aparecieron a muchos». Después de terminado su testimonio mediante la resurrección, volvieron a sus sepulcros para dormir hasta el día de la resurrección.

William Barclay en el relato de los sepulcros abiertos y en la resurrección de los santos veía simplemente un símbolo de la resurrección del Señor. Como él mismo declara: «Se abrieron los sepulcros. Este símbolo significa que Jesús venció a la muerte» (El Nuevo Testamento, Mateo, volumen 2, editorial La Aurora, página 375).

Desde luego, hacer de la resurrección de estos santos un

«símbolo», es un trecho o atajo bíblico para eludir una interpretación literal. Aunque el pasaje está rodeado de misterios, no por eso se debe alegorizar.

La resurrección de estos «santos» era un testimonio a favor del Cristo resucitado; quien tuvo poder sobre la muerte; la experimentó y la venció. Algún día, muchos sepulcros de los santos serán abiertos como testimonio al poder resucitador del Señor.

IV. El testimonio del centurión

Mateo nos dice: «El centurión, y los que estaban con él guardando a Jesús, visto el terremoto, y las cosas que habían sido hechas, temieron en gran manera, y dijeron: Verdaderamente éste era Hijo de Dios» (27:54). Marcos pone el testimonio solamente en labios del centurión: «Verdaderamente este hombre era Hijo de Dios» (15:39). Lucas es preciso: «Cuando el centurión vio lo que había acontenido, dio la gloria a Dios, diciendo: Verdaderamente este hombre era justo» (23:47).

El centurión descubrió basado en lo que vio: (1) Una verdad cristológica, «verdaderamente». (2) Una prueba de la humanidad de Jesús, «este hombre». (3) Una revelación de la deidad del Señor, «era Hijo de Dios». (4) Una demostración de la persona de Jesús, «era justo».

En el libro apócrifo Actas de Pilato en el capítulo XI:2 leemos: «El centurión, por su parte, refirió al gobernador lo acaecido. Éste, al oírlo, se contristó, lo mismo que su mujer, y ambos pasaron todo aquel día sin comer ni beber. Después Pilato hizo llamar a los judíos y les dijo: ¿Habéis visto lo que ha ocurrido? Mas ellos respondieron: Ha sido un simple eclipse de sol, como ordinario».

El relato bíblico, aparte de lo ya dicho del centurión, no añade nada más. Pero en el corto relato de su testimonio encontramos sin lugar a dudas, una profesión de fe. Ese centurión fue atraído por la locura de la cruz, y salvado por el Crucificado. La luz de la cruz le alumbró las cavernas tenebrosas de las dudas y del humanismo. Algún día, en la eternidad, sabremos qué pasó realmente con aquel centurión.

Si usted no ha confesado a Cristo como el Hijo de Dios, yo le invito a que lo haga ahora mismo. Ábrale las puertas de su corazón. Ríndase a Él. Pare ya de estar corriendo. Repita conmigo esta sencilla oración: Señor Jesucristo, soy un pecador que no me puedo salvar por mis propios méritos. En este momento yo te quiero confesar como mi Salvador. Te pido que perdones todos mis pecados. Lávame en tu sangre gloriosa y poderosa. Escribe mi nombre en el libro de la vida. Gracias te doy porque me has salvado. Amén.

Si usted ha recibido a Cristo como el Salvador personal de su alma, yo le invito a que asista a alguna congregación cristiana donde se predique el evangelio completo. Lea la Biblia todos los días. Saque tiempo para orar y buscar a Dios. Le aseguro que el paso que ha dado es el mejor de toda su vida. Jamás se sentirá defraudado por haber aceptado a Cristo en su corazón.

TETELESTAI

Printed in the USA
CPSIA information can be obtained
at www.ICGtesting.com
JSHW010950120524
62698JS00015B/26

9 788476 453285